素直

石川直宏

馬場康平 著

KANZEN

装丁　佐々木真人（株式会社 pmf）
題字　石川直宏

第
1
章

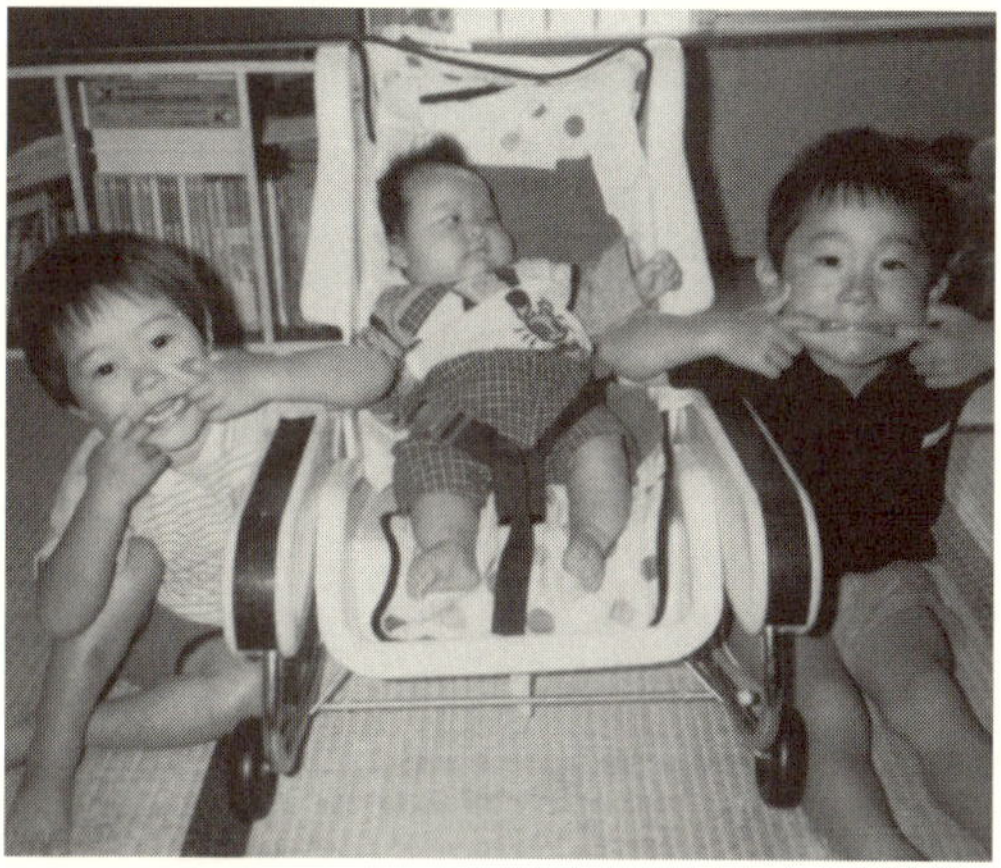

1981-1999

Jリーガーへの道のり

【何が来たって乗り越えてやる

――Jリーガー・石川直宏が生まれるまで】

懐かしい場所に帰ってきた。背番号18はロッカーからのいつもの道順を通り、味の素スタジアムのピッチへと向かう。入り口をくぐって視界が開けると、そこには見慣れた光景が広がっている。観客の声援で、胸が高鳴る。両手を挙げてそれに応えると、ポンポンッと左胸のエンブレムをたたき、深々と頭を下げた。

この日のために、アイドリングを続けてきた。「大丈夫」と言い聞かせ、跳ね馬はアクセルを吹かす。ウォーミングアップが進むにつれて体に熱がじんわりと広がっていく。飛べる、走れる、動ける。そんな当たり前のことに安堵し、喜びを噛みしめる。空気を吸い込んでフゥーッと長い息を吐きだすと、頭がスッキリとする。自分でも驚くほど冷静でいられた。郷愁にかられることもない。

「やるべきことは分かっている。チームの勝利のために、自分が果たすべき役割を担おう」

当たり前だ、この世界を18年間生き抜いてきた。

「最後だって同じだよ。日々の競争を勝ち抜いてピッチに立つ。だから、少し複雑な気持ちもあった。自分が先発から出場していいのか。その葛藤は確かにあった。でも、試合に出る以上は、全てを出し尽くす。それだけを考えていた」

２０１７年12月2日、明治安田生命Ｊ１リーグ第34節ガンバ大阪戦。ＭＦ石川直宏にとって、18年に及ぶプロサッカー人生に別れを告げるラストダンスの第一幕が上がろうとしていた。

その日から時計の針を8年前へと巻き戻す。２００９年、それはナオのキャリアを振り返っても、特別なシーズンとなった。覚醒……いや、本人の言葉を借りれば、「積み重ねが実を結んだ年」だった。神出鬼没な背番号18を誰も止めることはできなかった。ピッチを大きなストライドで跳ねるように駆け回り、足を振ればゴールネットが揺れた。沸騰するスタジアムで、観客の視線と歓声を一人占めにした。痛快だった。それまで年間5得点がシーズンハイだった選手が、突如として得点王争いを演じたのだ。ゴールを積み重ねる度に、ミックスゾーンでは「すごい」「どうしたの？」と頭を捻る報道陣が増えていった。当然、彼らは活躍の理由を探った。だが、当の本人は説明の言葉を持たず、「何でなんでしょうね」と言って吹き出すしかなかった。

しかし、明確な理由はあった。何万本と繰り返してきたシュート練習、自分を自由にさせてくれるチームメートの存在、頭で思い描いたイメージを自然と形にできる感覚が体に染み付いていた。

一つひとつ順を追って説明するには、ミックスゾーンの数分ではあまりにも時間が足りない。だから、「何でなんでしょうね」の後に、決まってこの言葉が続いた。

「結局、全ては積み重ねなんだと思います」

いつもそうだった。「やりたいことがある。やってみたいことがある」と言いつつも、「うまく言葉にできないんだけど」が続く。彼のことを「誰でも何でも話してくれる。取材がしやすい選手」という報道陣は多い。だけど、一度もそう思ったことはない。話を聞いて「この話をどうやってまとめるんだ」と、何度も頭を悩ませた。かき乱したボサボサ髪のまま、パソコンの前で嘆息したことは1度や2度じゃない。

ただし「こうなったら、ああなったら」を、ナオはいつも追い求めていた。気づきの感度が高いからこそ、居ても立ってもいられなくなり、実行へと移す。そこで、自らを省みて改善点を探ると「新たな発見があった」と喜々として語ってきた。その繰り返しだった。

Ｐｌａｎ（計画）・Ｄｏ（実行）・Ｃｈｅｃｋ（評価）・Ａｃｔｉｏｎ（改善）のＰＤＣＡサイクルを絶えず回してきた。葛藤や苦悩があっても、プレーを変えることへの躊躇はない。どんなにそれがうまくいかなくても、だ。結局は、「それしかやり方を知らないから」と、やり抜いてしまう。その積み重ねだったのだ。

「サッカーでは、PDCAというサイクルをチームで見れば、試合と試合の間で行わなければいけないでしょ。でも、選手としては、そのスピードがさらに速くないといけない。いかにその速度を上げられるか。それはサッカー選手に必要なことだと思う」

それは年齢を重ねたからこそ、得られた新たな視座だった。だが、そうしたことを、もっとずっと前から、ごく自然とやってきた。そこには、キャリアの歩みを阻む大きな壁が存在した。何度はね返されようとも、問題と真正面からぶつかり続ける。それがナオの生き方だった。そのスタイルを決定付けたのは、思春期の原体験にあった。

取材で初めて彼が生まれ育った横須賀を訪れたのは、もう10年以上も前の話だ。父の二三夫さんが「さっき釣ってきた」というアジを肴に、天才少年の原風景を追いかけたことを今は懐かしく思う。

1981年5月12日7時31分、母方の実家がある石川県金沢市の金沢聖霊総合病院で産声を上げた。海が好きで、実直な父親・二三夫と、人を思いやる優しい母親・さなえに育てられた。二三夫は口数が少なく厳格な父親だったが、誠実で一本気だった。ナオがまだ幼かったころは観光バスの運転手で家を空けることも多かったが、家にいると背筋がピンと伸びた。兄弟揃って「今は心配性で、涙もろいけど、昔は相当怖かった」と言う。

そして、母のさなえは、いつも優しく見守ってくれる存在だった。彼がプロ選手となって実家を離れてからも毎年欠かさず、生まれた同時刻に「おめでとう」とメールを送り続けてきた。

サッカーとの出会いは、ごく自然だった。泣き虫で、両親の背中に隠れる恥ずかしがり屋の子どもは、自然に囲まれた横須賀ですくすくと育ち、気づけば一端のわんぱく小僧になっていた。近所には年の近い遊び仲間もすぐに見つかり、いつも泥だらけで帰宅しては母親に小言を吐かせた。そんな少年が5度目の誕生日を迎えたとき、両親に「お兄ちゃんたちとサッカーがやりたい」と言いだした。それが、生まれて初めての頼み事だった。めでたく横須賀シーガルズというチームの門をたたくと、そこから30年以上にも及ぶサッカーとの付き合いが始まった。

父は「何か特別なことをしてきたということはないんです、私たちは。ただ、直宏と一緒になって楽しませてもらっただけなんです。あの子も悩んでいた時期もあったと思うんですけど」と言うと、母も「それを知るのはずっと後のことで。本当ならもっと何か手を差し伸べたり、できたと思う。だけど、あの子は私たちに弱音を漏らしたりすることはなかったので」と言葉を重ねる。

そう話す2人は、夢に寄り添ってきた。さなえは家事の合間に、子どもたちがボールを追い掛ける姿を見守ってきた。ナオは笑ってこう回想する。サッカーを始めて間もないころの話だ。ナオは「見てて」とリフティングを始め、母からは「10回できたらガチャガチャを買ってあげるよ」

と言われた。その言葉で、やる気に火が点いた。

「それで夢中になってボールを蹴り続けたんだけど、全然できなくて泣いた覚えがある。それでもやり続けるから、気づいたら母親は夕飯の支度で家に戻っちゃってた。でも、オレはそのまま泣きながらボールを蹴り続けたんだよね」

動機はご多分に漏れず、だいたいそんなものだ。ただ、目標をクリアしても、またすぐに新しい目標が見つかった。飽きることなんてなかった。ただただ夢中だった。2人の弟たちも一緒になって転がるボールを追い掛けた。近所の通称『L字公園』で、次男の貢《みつぐ》も、三男の扶《たすく》も、長男に負けじと必死に食らいつく。弟たちに負けないようにと、ナオも必死で対抗する。そうやって競うように、3人はグングンとうまくなった。気づけば、石川兄弟の名前は地元に知れ渡っていく。

一方で、観光バスの運転手をしていた二三夫は、「妻に任せきりだった」と、息子たちがプレーする姿を見たことがなかった。たまたま休日が重なり、ナオが小学4年生のときに初めて観戦する機会に恵まれた。そこで「あれがうちの息子なのか」と、自分の目を疑った。「素人の私にも、周りの子たちと全く動きが違って見えたんです。そこからですかね、少しは応援に行かないといけないなと思って、少しずつ応援に駆けつけるようになったのは」。そのころに路線バスの運転手へと仕事が変わり、休日は可能な限りビデオカメラを片手に遠征にもついて回るようになった。

両親は、そうやって子どもたちの夢にブレーキを踏むことはなかった。共働きだった両親は自由を与える代わりに、自分の決断に責任を持たせた。だから、「サッカー選手になれるのは一握り。どうせ無理、諦めた方がいい」なんて言ったことはない。そのスタンスは、彼らがボールを追い掛け始めたころから少しも変わらなかった。父の二三夫は言う。

「誰も頼んでサッカーをやってほしい、やってくれなんて言ったことはないんです。やりたいというなら協力はするし、辞めたいというのなら自由にどうぞというのが我々のスタンスでした」

そして、小学6年生のとき、Jリーグが開幕した。12歳になった3日後、国立霞ケ丘競技場の観客席にナオはいた。まばゆいカクテルライトに照らされたピッチで観衆を沸かせる緑の背番号11に釘付けとなった。試合が終わってからも、その興奮状態から抜け出せずにいた。帰宅してからも、父親に「あのね、カズはね」とあきれるほどに話した。その日を境に、漠然とした夢だったプロサッカー選手が目指すべき目標へと変わった。全国のサッカー少年と同じくカズ——三浦知良の十八番であったシザースフェイントを夢中で覚え、当たり前のように「オレ、カズみたいになる」が口癖となった。

その言葉に、周囲は誰も驚かなかった。小学校時代のコーチも、チームメートも異口同音に「ナオはいずれプロになると思っていた」と語った。それだけ才能にも恵まれていた。大会に出るたびに、石川家のリビングには賞状やトロフィーが増えていった。弟たちも「気づいたら部屋中、直宏の賞状だらけだった」と振り返る。当時を知る一人として後の世代別代表やFC東京でチームメートとなる茂庭照幸は、こう証言する。

「当時の神奈川でサッカーをやっていてナオのことを知らないヤツはいなかった。全国でも有名でしたよ。記憶にあるのは、小６ぐらいかな、オレがＤＦにコンバートされてすぐぐらいの試合。オレの身長が１６５センチぐらいで、あいつは１５０もなかったんじゃないのかな。背が小さかったけど、やばかった。ドリブルとかも、プロで見るようなプレーとかやっちゃうんだよね。何でもできちゃうから３人ぐらいでマークしないといけなかった」

茂庭が所属した厚木市のゴールプランターズ（ＧＰ）は全国大会後に行われた神奈川県郡市大会決勝で横須賀シーガルズを破り、第17回全日本少年サッカー大会にも神奈川県代表として出場していた。だが対戦したときの印象は鮮烈だったという。

小学校時代の取材をする度に、茂庭と似た同じような言葉を同級生たちから聞いた。ナオと一緒にサッカーを始め、今も無二の親友という幼馴染みの高木雅史は、大真面目に「どの時代がすごかったって、やっぱり小学校のときなんだよね。もうリアル翼君よ。あのとき、（ナオが）日本で一番サッカーがうまいってオレは本気で思ってたからね」と力説する。事実、Ｕ―12のナショナルトレセンにも選ばれ、その後の世代別代表で共にプレーした全国のトップ選手たちともそこで知り合っている。そのときのメンバーには、プロ入り後も切磋琢磨してきた山瀬功治や、駒野友一、森﨑兄弟（兄・和幸と弟・浩司）らがいた。

本人からも「今自分で見てもうまいと思うもん」と聞き、二三夫が撮り溜めておいた、当時のビデオ映像を何本か見せてもらった。そこにはボールと戯れるサッカー少年がいた。僕の高くなったハードルを軽々と飛び越え、思わず両親に「本当に、この子がナオですか？」と尋ねた記憶がある。足元に吸い付くようなボールタッチで、技術レベルはそこにいた誰よりも抜きん出ていた。ここその場面のスピードには目を見張るものがあったが、それ以上にしなやかなプレーが目立った。何より楽しそうにボールを蹴るなというのが、第一印象だった。ただし、容姿や走り方には面影があったが、ポジションもトップ下で、プロ入り後のスピードスターと呼ばれたプレースタイルとは違っていた。どこかで、大きな転機があったのは明らかだった。横浜マリノスジュニアユース追浜からトップ昇格までの6年間に、その秘密がある。

ナオは今も講演などで子どもたちに夢を語るとき、いつもこのころの話をする。その6年間で人生初にして最大の挫折を乗り越え、その後の18年に及ぶプロサッカー人生の支えとなった背骨が出来上がったからだ。

「大けがや、その後の葛藤も、あのころに比べたら全然たいしたことない。（プロになったのが）奇跡だと言ったら美化しすぎなのかもしれない。だけど、それだけ辛かったし、苦しかった。すごく悩んだ。だってどうしようもできなかったから。仲間や周りの人たちに恵まれなかったら乗り越えられなかった」

小学生時代に対戦した茂庭照幸（左）と石川直宏（右）。

横須賀市立野比中学校に進学したナオは、横浜マリノスジュニアユース追浜に活躍の場を求めた。横浜マリノスのU—15カテゴリーには、当時から2つのチームが存在した。もう一つの横浜マリノスジュニアユース新子安が本家、ナオが通った追浜が分家と呼ばれていた。どちらに入るか悩んだ末に、幼馴染の高木らと同じ追浜を選んだ。あの日、三浦知良のいたヴェルディ川崎を倒した、トリコロールに袖を通した。目標であるJリーグの育成組織に入り、プロ予備軍への仲間入りを果たす。そこからは文字通りサッカー漬けの毎日が始まる。

授業が終わると、急いで自宅に帰り、軽食を済ませて電車に飛び乗った。追浜駅で降り、そこから練習グラウンドへと急ぐ。毎日、片道1時間以上を掛けて通った。厳しい練習が続いたが、憂鬱な時間は別に存在した。それが練習帰りの電車だった。窓ガラスに映る自分と、周りのチームメートをできるだけ見ないようにして、車両の端へと移動した。そこがいつもの指定席だった。中学入学時の身長は147センチ、そこから2年間で伸びたのは7センチだけ。気づいたら周りの顔を見上げるようになっていた。窓に映る自分と周りを見比べると、ため息をつきたくなるからだ。

「何でオレだけこんなに腕を伸ばさないといけないんだろう」

つり革をつかむと、一人だけ腕がピンと伸びた。隣の曲がった腕がうらやましかった。成長期を迎え、同級生たちは体がどんどん変化していく。声変わりが始まった仲間と喋るのも億劫となり、一時は口数も減った。このころの写真の中のナオは、頭一つ大きなチームメートを下から見上げるのがいやで、後ろでつま先立ちするか、しゃがみ込んで画角に収まっている。ツルツルのすねをさすっては、ソックスを上げ直した。

「チビって言われるし、もういやだった」

当時を過ごした家の柱は大切に今も保管されている。兄弟が背比べしてつけた傷が、そこには残っている。やけにナオの傷だけが多い。目に見えた変化がなくても、さなえを捕まえては「お母さん、ちょっと伸びたかもしれないから線引いてみて」と何度も測り直した跡だった。一つ下の貢には、中学であっさりと抜かれた。「オレだけどうして」と吐き出しかけた、ため息を引っ込める。

「頑張ったんだよ、でも全然伸びてくれない」

母親に頼んで、弁当とは別に小さな包みを持たせてもらった。教室で中身の小魚をポリポリと食べていると、決まって友だちから「お前何食ってんの？」とからかわれた。「ぶら下がれば伸びるかも」と休み時間中、鉄棒を握っていたこともある。練習帰りには背格好も似ていた高木と、「苦手だった」という５００ｍｌ入りの牛乳をがぶ飲みした。その日課のおかげか、同志は中学２年でぐんぐんと身長が伸びていった。一人だけ置いてきぼりを食らい、悩みは一層深くなった。

日常生活は何とか我慢できた。でも、ピッチ上の問題は深刻だった。1年生から試合には出ることはできていたが、イメージとのギャップが生まれ始める。中学から使用球となる5号球が重く感じた。今までならドリブルで抜けていたはずなのに、足を伸ばされては簡単にボールを奪われてしまう。競り合ってもはじき飛ばされ、地面に転がった。大好きだったサッカーで初めて苦痛を感じるようになった。人よりも成長期が遅かったのだ。

「小学生までは足が速いほうだったんだけど、中学で何の運動もやっていない同級生に走り負けた。そのときは、これはヤバイぞって焦ったよ」

その変化に、戸惑っていたのは本人だけではなかった。高木も「オレも相当ショックだった。相変わらずうまいんだけど、ナオはこんなもんじゃないっていつも思っていた」と、振り返る。

散々いろんなことを試した。それでも思ったほど、身長は伸びなかった。だけど、不安な顔でボールを追い掛ける少年に、手を差し伸べてくれる人がいた。クラブは、ナオが2年生へと進級した年から下部組織専任のアスレティック・トレーナーを置いた。それが、後関慎司だった。いつも不安そうにボールを蹴るナオを気遣い、励まし続けた。後関は言う。

「出会ったころの直宏は周りと比べると頭一つ小さく、それでもすごくサッカーがうまかった。中学2年生で、すでに追浜では中心選手でしたけど、いつもどこか不安そうだった。この子の不安を取り除いてあげたいと勝手に思っていたんですよね」

2人の出会いから1年後、止まっていた身長は中学3年後半から高校1年で徐々に伸び始めた。「これでようやくサッカーがまた楽しくなる」。そう思えた。

そんな多感な思春期に、もう一つの出会いが存在した。身長が伸びずに苦しんでいたころに、ライバルが出現する。後に、共にトップチーム昇格を果たす大橋正博だった。本家と呼ばれた新子安で同じ花形のトップ下を任されていた大橋を意識せずにはいられなかった。

事件は中学3年生のときに起きた。2人は、一つ上のカテゴリーだったユースのスペイン遠征に飛び級で参加した。その遠征中の試合で、大げんかを始めてしまったのだ。他愛もない意見の食い違いが発端となり、口論から取っ組み合いのケンカにまで発展。試合が終わっても収拾がつかず、宿舎でも襟首をつかみ合った。

この期待のヤンチャ坊主2人は、そのまま横浜マリノスユースへと昇格する。だが、その後の成長曲線は全く異なる形を描いた。ナオにとって、新たな壁がその前に立ちはだかったからだ。中学卒業を控える頃には、毎朝が楽しみになった。朝目覚めると、「目線が変わった」と思うぐらいだった。だが、この急な成長があだとなってしまう。ボールを蹴っていて、「何かがおかしい」と違和感を覚えるようになった。ユースでプレーするようになると、それが顕著になった。

「ドリブルや、パスだったり、昨日までできていたことが、できなくなることもあった。イメージとのギャップに悩まされた。自分一人だけがスローモーションに掛かっているように感じた。

もうわけが分からなくなった」

夢にまで見たプロサッカー選手まで、あと一歩のところまできていた。ユースのような選りすぐりの精鋭集団の中で、ポジションをつかむのはもちろん容易ではない。だが、決して順調ではなかったが、ようやく視界が開けた途端にドアをバタンと閉められた。このころは、心底自分が嫌いになっていた。

「あれだけ悩んでいた身長が伸びたのに、何でオレばっかり。今までの自分を全て否定されている気分になった」

自暴自棄になりかけたとき、再び後関が手を差し伸べた。ナオの体に起こっている変化を熱心に説明し、「これは一種の成長障害でクラムジーと呼ばれるものなんだ。辛抱強く頑張っていれば、きっとまた前のようにプレーできるようになるから」と背中を押した。

クラムジーというフレーズが耳に残ったが、焦りばかりが募った。「何だよクラムジーって。そんな言葉で片付けるなよ。誰かどうにかしてくれ」。試合に出て活躍する大橋の姿が目に映ると、不安は一層膨らんだ。それは苛立ちとなり、周りに飛び火させては不機嫌な態度を隠そうとはしなかった。

そんなナオを見かねて、後関は一冊の本を贈った。

「当時はまだまだ私も経験が浅くて掛けてあげられる言葉が見当たらなかった。きっと本人にしてみれば、藁をもすがる思いだったと思うのに、本を渡すことぐらいしかしてあげられなかった」

手渡された本の題名は『メンタル・タフネス』（ジム・レーヤー著）。救いを求め、すがる思いでページをめくった。不安に駆られたときは、自宅近くの野比海岸へと向かった。夏場も釣り人がいるぐらいで、ひとけが少ない穴場の海岸だった。その海岸沿いにあるベンチがいつもの定位置だった。

「初めてできた彼女とも一緒によくベンチに座って話をしたりもした。けど、一人でいる時間の方がずっと長かった。何をするわけでもなく、ボーッと海を眺めたり、夏は日焼けをしたりもしたよ。そんなことをしながら本を読んでた」

その本に書かれていた、剣豪・宮本武蔵が『五輪書』で示した言葉に目がとまった。何度も同じ所を開いたから、癖がついてすぐにそのページで止まるようになっている。それは、後の人生訓となる。

「平常心」

それは偏らない流動自在な心の状態」

その境地に入ると、プロのアスリートはボールが止まって見えるという話が気に入った。何度も暗誦した。「自分もいつかそういう瞬間が訪れるのかな。そういうプレーができたらどんな気持ちなんだろう」。それを想像して、思わず頬が緩んだ。不安に押しつぶされそうになると、いつもそれを思い描いた。

後関が、伝えたかったこととは――。

「当時の直宏は、不安定な状態が続いていました。身長が急に伸びてバランスを崩していた。周りの選手は体が出来上がりつつあったときだったので、本人は思う以上に差を感じてしまったのだと思います。いろんな場所に痛みも出ていましたし、何をやってもうまくいかないと感じて、昔よりも自分が下手になっていると錯覚も起こしているようでした。感情をむき出しにプレーしていて、それがすごく気になっていました。人のプレーに一喜一憂して自分と向き合えていなかった。それが原因で、周りとのバランスを崩すのはもったいないという話をしたんです。平常心という言葉は誰もが聞いたことがあると思うんです。あのときの直宏には、それが必要だったのだと思います。逆に、私も彼をきっかけに多くのことを勉強させてもらいました。心身相関と言って、人が成長するためには心と体の両方が必要だということを彼から学びました」

外に向けてしまっていたエネルギーを内へと向ける。その術は知ったが、一向にクラムジーの症状は収まらなかった。雌伏のときは続いた。そんな折、高校2年に上がったばかりの頃、新子安の人工芝グラウンドで呼び止められた。

「直宏、ちょっといいか」

振り返ると、その年にコーチから監督へと昇格した樋口靖洋がいた。「お前右サイドをやってみないか」。降って湧いたコンバートの話に驚き、戸惑った。後の言葉は耳に入ってこなかったが、「大橋に負けた」という絶望感は今も覚えている。成長の遅れと、クラムジーのワンツーでふらついたところに、トドメの一撃。ガンッと打ちのめされ、K．O．寸前だった。

「ハッキリ覚えている。ずっとトップ下をやってきて、いまさらサイドなんてやりたくなかった。オレがサイドに回れば、大橋に負けたことになる。正直、かなわないと認めているところもあった。それでもトップ下にこだわったのは、プライドもあったけど、負けたくなかったから」

何もかもうまくいかない。どん底まで蹴落とされた。それでも、ナオは「今のままでは大橋にはかなわない」と、負けを認めることにした。そこで、「いずれ真ん中（トップ下）に戻るために、サイドの選手がどんなパスが受けやすいのか知っておこう」と、自分に言い聞かせてコンバートの話を受け入れる。全ては「どうにかしてあいつからポジションを奪いたい」という一心だった。

だが、トップ下とサイドでは全く勝手が違った。いざタッチライン際に立つと、視野の狭さに戸惑い、窮屈に感じた。パスをうまく引き出せず、周りのテンポを乱してしまうこともしばしばだった。

一から、いやゼロからの再出発だった。底から這い上がるために、必死に手本を探した。年上も下も関係なかった。同じポジションの星大輔や、飯田紘孝のプレーを目で追い、参考にした。「守備の距離感や、ボールへのアプローチ、どのタイミングで走り出せばいいのかとか、何もかもが分からなかった。特に、ずっとサイドでプレーしていた紘孝は見ていたかな。一個下だったけど、動きもスムーズだったし、自分なりに考えて見て盗んだ」

自分なりに考え、行動に移す。そして、改善点を洗い出し、修正する。現状を客観的に認識し、目で追う情報から意味を抽出。そこから次の行動を導き出す。高校生で、すでにPDCAサイクルを自然と回していた。

ナオの将来を考えた樋口の指導者としての見立ては、今思えば正しかったと言えるだろう。そのサイドプレーヤーへと導いた当事者は「どこかで美談になるかもしれない」と言いながら述懐する。

「プロになれるかどうかは、言うなれば武器を持っているかどうか。その年代だけを考えれば、直宏と大橋をトップ下で共存させるやり方もあったかと思うんです。ただ、2年後に何か武器を持っていないといけないと考えると、僕のイメージやと、大橋は典型的なパサーで、直宏はアタッキングサードでボールを受けてからというタイプでした。選手の特長を生かす中で配置も決まってくる。使う、使われる役のどちらかというところで、当時の私は、直宏はサイドの方がいいと思ったんやと思います」

ただし、大きな問題点があった。「数センチ単位で届けられる」という大橋のパスにいかに反応するかは一朝一夕で身につくものではなかった。「この強さに合わせろというメッセージがこもっていた。そのパスをもらわないといけない」。だけど、さっぱりタイミングは合わない。パスを取り損ねる度に、罵倒された。「そのタイミングにも合わせられないのかよ、下手くそ」。何度、同じ台詞を聞いたことか。深く嘆息し、唇をかんだ。グッとこらえ、冷戦状態は続いた。

「完全に大橋のチームだったから、あいつが潰されたり、ふてくされると、途端にチームじゃなくなる。みんなどこかであいつにビクビクしていた。大橋に怒られないように、あいつのボールに間に合うように動きだす。苦痛だったよ、だけど、今に見てろという思いはあった」

しかしポジションを変えてから、次第に考え方も変わっていった。受け手になって、あらためて大橋のすごさに気づけたのも事実だった。

「このパススピードのボールをしっかりとコントロールして受けることができれば、誰もついてこられないんじゃないのか。シュンさん（中村俊輔）、（中村）憲剛さん、ヤットさん（遠藤保仁）とも一緒にプレーしたけど、オレは今でも大橋のパスが一番すごかったって思ってる」

ナオがもがいている間、大橋も苦しんでいた。別格の存在感を放つ司令塔は、高2になると、トップチームの練習に呼ばれた。だが、ユースでは飛び抜けた実力を持っていても、代表クラスがひしめく当時のマリノスのトップチームでは洗礼を浴びた。そこで感じた焦りをそのままユースへと持ち込んだ。味方が止めたボールが少しでも浮くと舌を鳴らし、プレーについてこられないチームメートに苛立ちを隠さなかった。いつしか浮いた存在になってしまう。それは一人だけ目線を高くしていたからだった。

トレーナーとして2人を見てきた後関は「トキオがいれば違っていたかもしれない」と大橋を擁護する。後関が名前を挙げた中居時夫は、この世代きっての点取り屋だった。大橋とは新子安でコンビを組み、あうんの呼吸で得点を量産した。中学3年で一つ上のU—16日本代表にも選出され、アジアユースに出場するなど、早くから将来を嘱望されていた。だが、中居はトップチームからのオファーを蹴り、夢を追って高2で単身イタリアへと渡る決断をした。

そして、相棒を失った大橋も異例の行動に出る。ライバルチームの横浜フリューゲルスユースへと、前例がほぼないJクラブの下部組織間での移籍に踏み切ったのだ。ライバルがチームを去っても、ナオの心が休まることはなかった。目標だったプロサッカー選手は、依然として遠く感じていた。

その数ヶ月後、世間を賑わす騒動が起こる。横浜フリューゲルスは出資会社の一つであった佐藤工業が長引く不況の煽りを受け、98年限りでクラブ経営からの撤退を表明。残された全日空も赤字で経営見直しが迫られる中、クラブ存続は困難な状況に陥っていた。そして、その年の10月29日に、同じ横浜市を本拠地とするマリノスと合併するというニュースが報じられる。社会問題と化したこの騒動の渦中で、下部組織も一つになった。つい数カ月前まで互いをライバル視していた大橋とも、期せずして再びチームメートとなる。

トップチームから順に用具をそろえていったため、合併当初は練習着も別々だった。練習が始まっても、それぞれのユースで固まり、ボール回しから完璧に分かれてしまっていた。しかも、フリューゲルスユースの選手全員が合流できたわけではない。それをすぐに受け入れろという方に無理があった。

それでもこの問題は、過ぎていく時間が少しずつ解決していった。そろいの練習着となり、徐々に打ち解け始め、サッカーを共通言語に会話をするようになる。気づけば、仲間となっていた。一学年下の坂田大輔や、田中隼磨らが新たにチームメートとなり、チーム全体のレベルは底上げされた。ポジション争いは一層激しくなり、ベンチを温める試合も増えていく。

最終学年になると、大橋はトップチームに帯同するようになり、ユースで一緒にプレーする機会はほとんどなかった。だが、自分には練習参加のお呼びの声は掛からない。

プロ入りか、大学進学か――。その審査は、目前に迫っていた。当時の育成部長だった木村浩吉に呼ばれる。そこで、「お前はプロになれない。大学進学も考えるように」と諭された。覚悟はした。

「昇格は、あきらめなければいけないかもしれない。高木も大学に進むから、また一緒にサッカーをするのも悪くないかもしれない」

母のさなえは、高校時代のナオといえば、練習からくたびれて帰ってくる姿しか記憶にないという。

「悩んでいたときもあったと思うけど、私たちには見せないんですよね。焦っていないということはないと思うんだけど、あの子は何も言わないから。学生時代の話はずっと後で知ったんですよ」

学校の友だちとも進路の話題が増えていく。自宅での団らんの席。それはふとした瞬間だった。

「オレ、サッカー辞めるかも」

家族の前で、初めてこぼした。「エッ」と時間が止まる前に、二三夫が怒鳴っていた。

「それなら辞めてしまえ」

ナオが初めて見せる弱気な態度に腹が立った。理由など聞かなかった。

ナオはナオで反論しなかった。それまで「やりたいことをやればいい。続けるのも、辞めるのも自由だ」と言われてきた。サッカーに口出しされたことはない。後にも先にも、サッカーで怒られた記憶はこの1回しかない。父親の言葉が、グサッと刺さった。

その数日後、弟の貢が兄に内緒で部屋に忍び込む。勘が鋭い長男は、漫画の本が少しでも元の位置と違っていただけで気づく。三男の扶とは、それでよくけんかになっていた。要領の良い次男は、長居はできないと、そそくさと物色を始める。すると、壁に見慣れない張り紙を見つけた。

『目標
トップチーム昇格
U―18日本代表選出』

弟は「いやいや、さすがに無理でしょう」と思った。兄の背中を追い掛け、横浜マリノスジュニアユース追浜から逗葉高校に進んだ貢は、監督同士が大学の同級生だったこともあり、暁星高校と何度も試合をしていた。その対戦相手には、兄が目指す世代別の日本代表に選ばれている前田遼一がいた。その実力を肌で知るからこそ、長男がどんなに無謀な目標に向かっているかを理解した。

「前田さんはすごかったですよ。実際に対戦して、ちょっと次元が違っていた。兄貴はそんな選手たちがいるところを目指すのかと思いました。チームでも試合に出ていないのに、驚きましたよ」

ナオ自身も、何か手応えをつかんでいたわけではない。よく使う言葉だが、そこにあったのは「根拠のない自信」だけしかなかった。ここまでの数年間、何をやってもうまくいかない上り坂続きで忘れかけていた。プロサッカー選手になりたいという純粋な思いを、父親が気づかせてくれた。プロへの昇格決定まで半年しかない。いや、まだ半年も先にある。

そうと決まれば、やることは決まっている。紙にペンを走らせ、その決意をしたためた。18歳。石川直宏の反抗が、ここから始まった。

ようやく成長が落ち着いてくると、プレーにも安定感が生まれてきた。頭の中でイメージしたことが、表現できるようになる。「足が遅い」と感じなくなり、筋力がついたことで、大きなストライドでグングンと加速できた。パスの勢いを殺さないようにコントロールし、ボールを運ぶ技術も身につけた。それまで離ればなれになっていた、心と体が一致していく。得体の知れない恐怖から解き放たれる感覚だった。

それまではどんなに努力をしても、目に見える結果には結びつかなかった。それでも後関の言葉を信じ、「いつかきっと努力が報われる日がくる」とボールを蹴り続けてきた。膝を曲げ、腰を落として身をかがめたのは、高く跳ぶため。潜伏期間を経て、その才能は開花の時を迎えようとしていた。出場機会も徐々に増えていく。すぐにポジションを奪うことはできなかったが、来るべきときを待ち続けた。

そして、99年の夏、日本クラブユースサッカー選手権大会（U—18）で、その時が訪れる。大会直前に、レギュラーだった飯田が負傷離脱。ついに、出場機会が巡ってくる。

「ここだと思った。このチャンスは絶対に逃さない」

関東5位代表として全国の舞台に立つと、そこでうれしい再会が待っていた。1次リーグで対戦したジェフユナイテッド市原ユースの佐藤寿人や阿部勇樹は、目線が同じになったナオの変貌ぶりに驚いた。「エッ？ 超でかくなってんじゃん」と言い、ポジションを見て頭を捻る。「何でサイドなの？」。そうやって目を丸くする旧知の選手たちの反応を楽しんでいた。

そして、試合が始まると痛快だった。それまでの鬱憤を晴らすかのように、右サイドで躍動した。サイドでは1対1の局面が多く、勝ち負けがハッキリする。負けず嫌いの性格に、ピタリとはまった。大会期間中に右膝を痛めながらもプレーを続け、チームの決勝トーナメント進出にも貢献した。その活躍が認められて大会後、初めてトップチームへの練習参加を打診される。不安と長くいすぎたからか、喜びも半分だった。「もっとやらないといけない」が先にきた。

初めて飛び込んだトップチームの練習は、驚きの連続だった。

「もう恐る恐るだった。今の若い子たちのように、堂々とプレーするなんて考えられなかった。城（彰二）さんなんてメチャクチャ体がでかくて、こんな人たちと一緒にやるのかと思ってた」

長年、日本代表をけん引した井原正巳をはじめ、そこには名門にふさわしい顔ぶれがそろっていた。見渡せば、「テレビで見たことがある選手ばかりで、さすがに緊張した」。クールに、ドライに〝今どき〟を装うことなんてできない。「井原さんだ、城さんだ、俊さんだ」と目が泳ぐ。終始、緊張しきりだったナオを待っていたのは、樋口だった。

「ナオが高3になったとき、僕はユースを離れてトップのコーチになっていました。高2のころかな。正直、今のままやとトップは無理やという話をしたことがあります。でも、トップの練習に参加したとき、ようやくプレーが落ち着いてきて、本来のしなやかさを取り戻し始めているという印象を持ちました」

クラブの首脳陣も方針を見直し、ナオの昇格についての再検討が行われた。それは大学の推薦を受けるための練習参加や、実技テストが本格化する直前のタイミングだった。土俵際で残った。

日本クラブユース選手権で痛めた右膝は、検査をして半月板を損傷していることが分かった。手術が必要だったが、トップ昇格の最終決定は高体連の強豪校などを招待して行われる、ヨコハマベイブリッジユースで決まる。まだオペはできない。膝にたまった水を抜き、テーピングを巻いて練習を続けた。夏休み最後の同大会では大橋がユースに合流してベストメンバーで戦った。MVPこそかつてのライバルに譲ったが、十分に手応えがあった。

そして、クラブから正式にトップチームへの昇格が伝えられる。そのキャリアに記された、横浜マリノスジュニアユース追浜、横浜F・マリノスユースのプロフィールから見れば、誰もが順風満帆な少年時代を想像する。だが、人知れず悩み苦しんだ末に夢をかなえた。

「実際に昇格が伝えられるまでは、プロになれるとは思っていなかった。大学進学も考えていた。

でも、最後まで諦めてはいなかった。試合にさえ出れば、絶対にできる、プロになれるという思いがあった。根拠なんてどこにもないのにね。でも、その積み重ねだけはいつもしてきた」

「奇跡」と呼んだプロ入り。効率よく目標に到達していたら、その後の彼の生き方は違っていただろう。困難と向き合い、よき出会いと、新たな考え方に触れて人生を豊かにした。後関が差し伸べた手を握り、自分の前に現れた大橋というライバルに真正面からぶつかった。受け入れ難いコンバートからも逃げ出さなかった。

それは家族の力もあったと、後関は言う。

「今があるのは、両親や弟の支えもあったと思うんですよ。弟たちも直宏以上に辛かったと思う。周りの大人たちからは、いつも直宏と比較して見られてしまう。それでも彼らは卑屈になるわけでもなく、一生懸命にサッカーに打ち込んでいた。弟たちも立派ですよ。直宏は直宏で、その弟たちの良い見本になり続けていますしね」

両親が共働きで、石川家の子離れ、親離れは早かった。幼いころは父が家を空けることも多く、「弟たちの面倒はお兄ちゃんが見るのよ」と言って育てられた。だから責任感は人一倍強い。

「全て自分で決めないといけないと思っていた。でも、何かを決めるのも、その決断に責任を持つのも結局は自分。だから、親には事後報告になっちゃうんだけどね」

でも、両親の愛情はいつも感じていた。母親は、毎朝早起きして弁当を持たせてくれた。実は心配性の父が、自分を気に掛けてくれていたことも分かっていた。だから、初めて怒鳴られたときも、その言葉をすんなりと受け入れることができた。一方で、二三夫は「サッカーを辞めたい」と言ったナオの理由を聞かずに、一方的にしかりつけたことを今も後悔している。「あのとき、もうちょっとゆっくり話を聞いてあげればよかったと思う。いろいろと悩んでいたのだろうし、考えていることをもっと聞いてあげられれば良かったと。それは反省しています」。そんな父親の思いも十分に理解していた。

その姿に後関らが共感し、背中を押してくれたのだろう。

そして、本当のライバルはすぐ傍にいた。弟たちに格好悪い姿は見せられなかった。人生で最も多感な時期に、いつも厳しい視線を感じた。適当に、周りから浮かないように小さくまとまっていたら、弟たちはどう思うか。ポケットに手を突っ込み、胸を張ったのは、その背中を追ってくる弟たちに見せるためだろう。本人たちは嫌がるだろうけど、僕の貢と扶の第一印象は「ナオっぽい」だった。遠目からも、兄弟だって分かるほど、伸ばした髪の雰囲気もよく似ていた。

貢は逗葉高校を卒業後、桐蔭横浜大学へと進み、プロを目指して静岡FC、アルテ高崎などでプレーを続けたが、現在は指導者の道を歩んでいる。

扶は中学で、フィールドプレーヤーからGKに転身した。そのきっかけは長男だった。「昔から直宏に『3人の中で一番身体能力が高いんだし、キーパーやればいいじゃん』と言われていた」。

貢と同じ高校、大学と進み、松本山雅ＦＣで12年まで現役を続けたが、一線を退き、現在は大阪学院大学でＧＫコーチを務めている。

「いつか直宏と同じピッチで真剣勝負をしてみたい」

その夢はかなわなかったが、彼らはナオにとって、大橋以上のライバルであり続けた。兄として一歩先を進むための努力を惜しまなかった。弟たちも、その兄に追いつこうと必死だった。ケンカばかりしていた兄弟は、いつしか気心知れたよき相談相手となった。だけど、その関係性は、L字公園でボールを追い掛けていたころと何も変わっていない。三者三様だが、今もどっぷりサッカーと生きている。

十代で形作られた生き方は、全く変わらない。その後、繰り返される挫折の中で、前に進んで行くために、本当に大切なことをナオは知った。

「何でも来いって感じ。怖いものなんてない。何が来たって乗り越えてやるよって気持ちだった。負けず嫌いだし、それは相手に対してもそうだったけど、何より自分に負けたくなかった。壁に直面したとき、いろんな乗り越え方があると思うし、いろいろ試しもした。でも、行き着くところはいつも似ていた。壁をぶち壊してでも乗り越えていく。だから、もう乗り越えられないことはないと思っていた。だって、不可能だと思ったことが、かなっちゃったんだから」

それが彼にとっての最適解となった。プロサッカー選手・石川直宏はこうしてつくられたのだ。

第

2

章

© アフロスポーツ

1999-2001

日本代表

谷間の世代って何？

日の丸への挑戦、世界との戦い

1990年代のバブル崩壊以降、就職氷河期を経験した世代は、日本国内でロストジェネレーションと呼ばれている。その一方で、日本サッカー界では1999年にワールドユースナイジェリア大会で決勝まで勝ち進んだ79年生まれを黄金世代と括り、アテネ五輪世代となった81年組をこう呼んだ。

谷間の世代——。

彼らには、この一人歩きした、ワンフレーズとの反骨の歴史が存在する。まさに、『日はまた昇る』だ。迷える者たちは不安を抱え、抗い続けてきた。「いつか、きっと」と拳を握り、次世代が鼻で笑うような汗臭さや、泥くささがある。石川直宏もまた、その一人だった。

「抵抗があった。気づいたらそういう評価をされていた。谷間の世代と呼ばれることに対し、いつか見返してやるという気持ちがみんなにあった。口にはしなかったけど、そういう気持ちを持っていた。そうやって報じる人たちに対しても、当時は相当な思いがあった」

念願かなってトップチーム昇格を決めた。だが、その代償は決して小さくはなかった。高校3年の夏の終わりに右膝にメスを入れ、季節は秋を過ぎて冬を迎えようとしていた。ユースの練習からは離れ、東戸塚の練習グラウンドに通った。クラブの計らいで、昇格までの3カ月間はそこでリハビリを行うことになっていた。

「やばい、もうこんな時間だ」

終業時刻が長引くと、身支度を整えて電車に飛び乗る。トップチームのトレーナーの日暮清が自分のためだけに、練習が終わっても待っていてくれたからだ。

「贅沢にもマンツーマンでオレのリハビリに付き合ってくれた。日暮さんは口にはしなかったけど、きっと『ガキのために何でオレが待たなきゃいけないんだ』って思っていたはずだよ。だからケガしていたけど、駅からは自然と早歩きになったからね」

日暮は、クラブからナオについて「来季トップチームに昇格する選手のリハビリを見て欲しい」としか聞かされていなかった。だから、いつも質問攻めだった。

「これだけ一生懸命やっているけど、君は本当に良い選手なの?」「どんなプレーが得意なの?」

その度に、ナオは笑って答えた。「どうなんですかね」。そうした日々を、日暮はこう振り返る。

「線もすごく細かったし、初めはプロで本当にやっていけるのかなって思っていました」

だが、付き合っていくうちに、この18歳の面白さにも気づいた。「すごくまっすぐで真面目な選手だなって。こっちが言ったことをどんどんスポンジのように吸収していきましたからね」。

リハビリが進むにつれ、ある能力が目についた。バランスボールなどを使った体幹トレーニングをすると、それが浮き彫りとなる。

「他の選手なら1、2カ月かけてようやく立つことができるメニューでも、あいつはひょいとすぐにできちゃう。感心しましたね。聞いたらサーフィンをやっていると言うんです。後から試合を見て、あいつが体勢を崩しながらも突進していくことができるのは、そうしたバランス感覚によるものだと思いました。神様は彼に大きな体や筋力を与えなかったけど、代わりに何でも吸収する柔軟さや、しなやかさ、そしてバランス感覚を与えたんでしょうね」

ナオは、この3カ月間を無駄にはしなかった。体の構造を一から学び、プロとして戦う基礎をつくった。順調に回復していくと、屋内から外に出てグラウンドを走るようになる。当時は照明機器がなく、駐車場の明かりだけが頼りだった。冬休みに入ると、今度は朝7時から練習が始まる。始発電車に乗ると、暖房がまだ効いていないのか、車内でも息が白くなった。東戸塚駅に着くと、自販機で温かい缶コーヒーを購入する。暖を取りながらゆっくりと坂を上がっていく。クラブハウスに到着し、ようやく缶のタブを引いて冷めたコーヒーで気合を入れた。

「今日も頑張るか」

そこから2時間を掛けてリハビリのメニューを消化する。ようやくトップチームの選手たちが集まってくるころに練習が終わる。そうした毎日を積み重ね、復帰へとこぎ着ける。チームの始動日に間に合い、プロ選手としてのキャリアをスタートさせる。日暮や、周囲への感謝は、今も忘れていない。

ただし、一途な思いはあっさりと打ち砕かれる。プロの世界は、ユースとは何から何まで勝手が違った。常勝を義務付けられた名門の練習は球際も激しく、毎日ヘトヘトになった。

「すごく個性的な選手ばかりで、正直、怖かった。練習から言い争いはするし、もうびりっぱなし。でも、そういう選手たちが監督の指示を聞いて、柔軟にプレーする姿には驚いた」

それでも、いつも前向きだった。中学、高校の6年間に比べれば、「全く苦にはならなかった」。プロ入り後も近くで見守ってきた樋口は「うまくいかなくて悩んでいても、あの子は暗くはならない。マイナスの方向には行かず、黙々と練習することで克服しようとしていました。そういうところは、本当のサッカー小僧ですよ」と言い、変わらぬ姿勢に目を細めた。

混じり気のない純度を傾けるサッカー小僧は、当時のオズワルド・アルディレス監督の目にも留まる。若手育成に定評があった指揮官は、ナオにチャンスを与えた。

２０００年4月1日、Ｊ１リーグ第4節鹿島アントラーズ戦は忘れられない日となった。前日練習が終わり、ロッカールームに張り出された16人のベンチ入りメンバーに自分の背番号を見つける。

「そこからは、もう緊張だよね。前泊のホテルは一人部屋だったんだけど、こんなバカでかい部屋で一人どうすればいいのかなって、やることがないから筋トレとかしちゃったよ」

あの93年に、Jリーグ開幕戦をスタンドから観戦した、国立霞ケ丘陸上競技場がデビュー戦の舞台となった。試合終了間際に、監督から声が掛かった。背番号28のユニホームに袖を通し、タッチライン際へと向かう。交代する永山邦夫とハイタッチを交わして初めて足を踏み入れたピッチから周りを見渡した。12歳で夢見た憧れの場所に足を踏み入れ、胸が高鳴る。だが、沸いてきたのは、思ったよりも冷静な感情だった。

「下から見ると、思ったよりも大きくないんだな」

ふと我に返り、監督からの指示を反すうする。「ポジションはボランチ。ビスマルクをマンマークする」。相手中盤のキーマンに張り付き、やるべきことを全うしようとした。

相手CKの瞬間、マークすべきビスマルクがコーナーアークへと向かっていく。「オレどうしよう」と頭の整理がつかず、挙動不審のままピッチを浮遊した。ドキドキのデビュー戦は、3―2で勝利を収める結果となった。

「決勝点が自分のパスから始まったのが超うれしくて、劇的だったからみんなで喜んだのを覚えている」

その数日前、ナオはU－23日本代表とU－23ニュージーランド代表との親善試合を観戦するために、国立の観客席にいた。その一戦以上に、前座となった西村昭宏監督が率いたU－19日本代表と、FC東京のトレーニングマッチが目に焼き付いた。旧友たちに送ったのは、憧れに似た視線だった。青色のユニホームを着る同世代が、やけにまぶしく映った。

「代表とはまったく無縁だった。自分には難しい世界なんだと、そのときは思っていた」

Jデビューから1カ月後、吉報は突然届いた。U－19日本代表候補合宿へと初招集され、目標に掲げていた『U－18日本代表選出』は、このとき1年遅れでかなった。28人が参加した合宿では「チャンスを逃すまい」と存在感を放った。そこから代表に定着するようになると、あの言葉を初めて聞いた。

「谷間の世代って何？　そんな風に呼ばれているなんて知らなかった」

この言葉は80年組が中心となって臨んだ、1996年のU－16アジア選手権で敗れ、翌年のU－17世界選手権出場を逃したことに端を発していた。同学年でそこに出場していたのは、あの中居時夫と、小松原学だけだった。彼らにとっては、いわれなき中傷に反骨心が沸いてきた。

「いつか見返してやる」

初招集の翌月には、グアムで行われた第32回アジアユース（U－19）選手権予選にも参加する。初めて背中に『ISHIKAWA』の入った16番のユニホームを手にすると、丁寧に畳んでそれを何度も眺めた。そして、予選第3戦のグアム戦で2ゴールを挙げるなど、11月の決勝大会進出に貢献した。

そして、ワールドユース選手権（現・U－20ワールドカップ）アルゼンチン大会出場を懸けた、アジアユース選手権イラン大会へと臨んだ。10カ国が2つのグループに分けられ、各グループ上位2チームが本大会への出場権を獲得する。イラン、クウェート、オマーン、タイと同組のAグループに入り、1次リーグを2勝1分1敗の2位で通過する。ワールドユースへの道は開かれたが、彼らの戦いはそこで終わらなかった。95年のワールドユース・カタール大会から続く4大会連続出場に安堵しつつも、次にやるべきことは決まっていた。

「勝って当然じゃないけど、連続出場を途切れさせずによかったという安堵と、世界と戦えるという喜びはあった。だけど、それで終わりじゃなかった。ここで優勝すれば、上の世代を超えられる。周りを見返せるという気持ちに、みんながなっていた」

79年組は、アジアユース決勝で韓国に敗れ、初優勝を逃していた。彼らにとっては、これまでの評価を一変させる千載一遇のチャンスだった。準決勝では、中国を2－0で破った。その2点目を決めたのが、ナオだった。快進撃は日本でも報じられ、日本から送られてきたＦＡＸでその記事を目にした選手たちは「決勝も頑張ろう」と沸き立った。

迎えたイラクとの決勝は、まさに死闘となった。90分では決着がつかず、1－1で延長戦へと突入する。最後はゴールデンゴールを決められ、あと一歩届かなかった。

「イラクは強かった。結果を受け入れて次は世界だと気持ちを切り替えた」

かの大予言のように1999年7の月に恐怖の大王が降りてくることはなかった。だけど、18歳の少年が紙に書き記した未来はやってきた。それをかなえたプロ1年目は、リーグ戦に2試合出場した。だが、ピッチに立てたのは、わずか3分間。チームは1ｓｔステージ優勝を飾ったが、チャンピオンシップで鹿島に敗れてリーグ王者を逃した。

周りはスター選手ばかりで、何者でもない自分への焦りや、不安といつも隣り合わせだった。ひたむきな願いを保ち続けるために、いつしか代表が心のより所となっていった。ただし、裏を返せば、チームは生きた教本にあふれていた。この世界を生き抜く方法は、いつも傍にあった。

そして、不安は消えなくても、それを笑い飛ばしてくれる人がいた。

「でも、あの人だけは、真似できないなと思った」

その人からは「飯行くぞ」と、食事やバーベキューに誘われた。粗野な言動の中に、いつも男気と、愛情を感じた。どんなときも本気で嘘がない。無鉄砲なようで周りをよく見てもいた。試合中に言い争いをしても、タイムアップの笛が鳴ればまるで何もなかったように笑っていつもの調子に戻る。だから、松田直樹に対する第一印象は、「怖いということはなかったし、めちゃくちゃ格好良かった」。若手の多くは、着る服から真似をした。あんなふうに、サッカーと真正面から素直に向き合っていたい。そう思わせてくれる人でもあった。

このころ、書いていたサッカーノートの書き出しはいつも一緒だ。表紙の裏に、『平常心』と書き、1ページ目にはいつも同じ言葉を綴った。ミッション・ステートメントと題され、2000年2月2日の日付と共に書き記されている。それは、プロの門をたたいたときから変わらぬ行動指針であり続けた。

『自分が好きなことばかりをして自分だけ満足ならばそれでいいというのではなくて、つらいこと、苦しいことをより多く経験していくということでこれからの人間としての自分がより大きくなってくると思う。今はサッカーをすることはとても重要なことである。楽しむものだけでなく、これからはこれを、サッカーを仕事としてお金を稼いで生活をしていかなければいけないのだからとても重要である。

でも、死ぬまで一生サッカーをするわけではない。いずれは引退してサッカーから離れる時が遅かれ、早かれ必ずやってくる。現役で続けている時も当然そうだけど、サッカーを通じてどれだけ人間として育ってきたかであると思う。

そして、サッカー選手である前に自分は人間である。人間的に大きくなっていかなければ当然、サッカー選手としても大きくなっていかない、うまくなっていかないと思う。

そして、引退が早いか遅いかはそのような差であると感じる。けがなども関係はあるけど。一人でここまでサッカーをしてきたわけはない。多くの人に支えられてここまできた。これからもっともっと活躍していこうと思うのならば、さらに多くの人の手助けと、自分自身への強い気持ちが必要となってくる。

だから、そういう人々のためにも、もちろん自分自身のためにも、これから夢や希望をできるだけ多くの人に与えていくことが自分の仕事であり、成長していくために不可欠なものであると思う。（＝原文ママ）』

びっしりと丁寧な文字で書きそろえられた〝それ〟は、まるでその後の半生を予期したかのような宣誓文となっていく。

「マツ君とは違っていても、いつか自分なりの生き様を見せられる選手になりたい。誰かに共感してもらえるような、そんな選手になりたいと思ってきた」

それが、プロサッカー選手として、目指すべき指針となった。

アジアユースを終えると、ワールドユース選手権登録メンバー入りに向けてサバイバルレースが本格化する。年が明け、２月のトレーニング合宿には35人のラージグループが選出され、そこから香港遠征に臨む23人へと絞り込まれる。合宿最終日には香港行きと、落選組に分けられる２

台のバスが用意された。

「選ばれなければ別のバスに乗って、所属クラブへと帰らなければいけない。それがきつかった。後で落とされた選手に聞いても、それが一番辛かったって話をしていた」

自分は生き残ることができたが、一緒に戦ってきた仲間が肩を落として別のバスに乗り込む。その姿に、胸が張り裂けそうになる。厳しい競争の中で、厳しさを植え付けられていく。それぞれが危機感を持ち、否が応でも代表への思いを強くした。

「Jリーグで試合に出ているかどうかも一つの基準だった。自分自身はマリノスで試合にも出場できていたから選ばれる自信はあった」

プロ2年目のシーズンは、1学年下から坂田大輔、田中隼磨ら個性的な若手が多く加入し、チームは大幅な若返りを図った。背番号を18番に変更したナオは、プレシーズンから好調を維持して開幕戦から定位置確保に成功する。本大会前までリーグ10試合に連続先発出場してJ1第2節ガンバ大阪戦ではうれしいプロ初ゴールも挙げるなど、飛躍を予感させた。

ワールドユース出場を巡る椅子取りゲームは、並行して続いていた。3月に入っても1週間の合宿に24人を呼び、そこからジャパンユースカップに出場する18人が選考された。4月には南米遠征を行い、続く5月の合宿と、フランス遠征を経て予備登録の21人が選出。そのメンバーには、けがによって阿部勇樹、大久保嘉人、今野泰幸、松井大輔といった主力が選外となった。

そうして選ばれた18人で、南半球へと乗り込む。ナオに手渡されたのは、「（前田）遼一や、山瀬（功治）もいたのに、何でって思ったけどね」という背番号10だった。

ただし、本大会直前に茂庭が肉離れを起こして開幕を待たずに帰国するなど、チームとしては決して順調な道のりとは言えなかった。

迎えた1次リーグ初戦のオーストラリア戦は、試合序盤から日本がペースを握った。だが、後半14分にオウンゴールで先制を許すと、その10分後に追加点を奪われて0―2で敗れてしまう。続く第2戦のアンゴラ戦も残り9分で決勝点を奪われ、1―2の惜敗となった。

「アンゴラの身体能力には驚いたし、これが世界だと感じることができた。それでも日本の技術も、戦術も十分に通用すると思った。だけど、ちょっとしたアクシデントに脆かった。自分たちのコンセプトがあっても、それがうまくいかないときの試合の進め方は世界と比べたときにはまだ幼かった」

チェコとの1次リーグ最終戦を前に、3位での決勝トーナメント進出の望みはわずかに残っていた。だが、同日開催で、先に行われたオーストラリア対アンゴラ戦が引き分けとなったため、4位が確定。試合前に、大会を去ることが決まってしまう。選手たちは、その目に涙を湛え、最終戦のウォーミングアップを行った。だが、結果的に、悔しさを押し殺し、「最後に勝って帰ろう」とチームがまとまった。

日本らしいパスワークと、積み重ねてきた攻撃パターンが見事にかみ合い、チェコを圧倒。3—0の大勝を収め、チームもナオ自身も最高のパフォーマンスを見せた。それが逆に歯がゆかった。初の世界大会は幕を閉じる。95年大会から続いていた決勝トーナメント進出を逃したことで、再び『谷間の世代』はクローズアップされてしまう。「何で1、2戦目も同じように戦えなかったのか。もっとできたんじゃないのかという悔しさは相当あった」。口惜しい思いのまま、帰国の途に着いた。

「戦える力はあったと思う。それが出せなかったのは、力がなかったからじゃなくて、力を出すための手段や、判断力に欠けていたからかもしれない。ワールドユースに懸けてきたけど、負けた瞬間から絶対にオリンピックで、この借りを返すんだと強く思った」

一方で、帰国の車中では不安が募った。大会期間中に、横浜F・マリノスの監督交代の報せを聞いていたからだ。成績不振を理由にオズワルド・アルディレス監督は解任され、チームは下條佳明チームディレクターが暫定的に指揮を執っていた。

「自分がプロになって初めての監督だったし、思い入れもあった。ワールドユース中に、監督が変わったことはショックだった。帰国して、もっと成長したいという気持ちがあったのに、監督が変わって自分の居場所もなくなってしまった。出発前とは大違いだった」

1stステージを降格圏の15位（当時J1リーグは16クラブ）で折り返すと、クラブは元ブラジル代表監督のセバスティアン・ラザロニに再建を託した。その夏に加入したドゥトラがフィットし、2ndステージは10位まで盛り返す。年間順位を13位として降格を免れただけでなく、当時のヤマザキナビスコカップを制覇してチームは復調を果たした。

しかし、チームのV字回復と反比例するように、ナオの試合出場は遠のいていく。試合前日は、メンバー外の選手とピッチの脇でボール回ししかさせてもらえない状態が続いた。「キュンキュンだった」というプレースタイルは、勢い任せになりがちだった。自分の形に持ち込めば、誰にも止められない自信はあったが、ゲームから消える時間も長かった。特に、絶対的な司令塔だった中村俊輔とは、全くと言っていいほどかみ合わなかった。

ボールを受けようと中盤に下がれば、「何で走ってないの?」。

「このタイミングだ」と、スペースに抜け出せば、「何で止まらないの?」。

自分の判断が裏目となる度に、中村のため息も増えていった。どん詰まったナオを、樋口はこう解説した。

「プレーのリズムが単調だった。はまったときはすばらしいけど、プレーのレパートリーをあまり多く持っていなかった。それに対応されてしまったときは打つ手がない。一つひとつのプレーのクオリティーは高いモノがあったけど、ゲームで発揮するというところまでいけてなかった。そこが直宏の壁だった」

直面した壁の高さは、日を追う毎に実感した。主力として12試合1得点だった1ｓｔステージから出場機会は激減。２ｎｄステージは、わずか1試合出場でプロ2年目のシーズンが終わった。心のより所だった代表活動も、しばらくは予定されていない。

「このパワーをどこに向ければいいのか」

焦りだけが募った。ハテナを抱え、迷える男は、サッカー人生における大きな決断の時を迎えようとしていた。

第
3
章

©J.LEAGUE

2002
FC東京

ここで頑張っていくんだ

トリコロールから青赤へ

年が明け、新たなシーズンが幕を開けても置かれた状況は変わらない。ベンチ入りどころか、サテライトリーグでさえも途中出場が続いていた。

「あの時期は辛かった。それでも、やれることはやっていた。一人の評価が良くなくても他の人の評価が良ければそれでいいと自分に言い聞かせていた。だから、あきらめなかった、絶対に」

当時のクラブ幹部はナオの今後の成長を見据え、水面下で期限付き移籍の話を進めた。幾つかの候補が挙がった中で、当時から若手の育成に定評があったサンフレッチェ広島が、その有力な移籍先として浮上していた。

2002年3月17日、戸塚グラウンドにFC東京を迎え、サテライトリーグの試合が行われた。その日も、ナオはベンチスタート。同じ控えの選手たちと、グラウンドの端でボールを回していた。後半から途中出場したが、チームは0―1で敗れた。その試合後だった、やるせない思いをぶつけるように、何本もシュートを打ち続けた。その姿が、FC東京の強化部長だった鈴木徳彦や、原博実監督ら首脳陣の目に留まった。鈴木は「試合が終わった後に何本もシュートを打つ姿を見て、この子は今置かれている状況の中で努力できる選手だと思った」と振り返る。そこが運命の分岐点だった。

その後、FC東京は右サイドハーフのレギュラーだった佐藤由紀彦が負傷し、代役探しが急務となった。永井雄一郎（当時・浦和レッズ）らの名前も挙がる中で、あのグラウンドの光景を目にした原はナオを推した。

「〝あんな面白い選手〟が、サテライトの試合で最初から出てこないで、後半から出てきた。もったいないなって。由紀彦のけがもあったから、緊急で誰か入れなければならなくなったときに『石川ナオはどうだろう』って話が出てきた。オレも〝注目してた〟から、貸してくれるかどうか聞いてみようってなったんだよ」

「あんな面白い選手」、「注目してた」――。原の脳裏には、サテライトリーグ以前の石川直宏が存在していた。ナオが出場したワールドユースアルゼンチン大会を現地で取材し、テレビで日本代表の試合解説を務めていたのだ。

「足は速いし、テクニックもある。外国人選手の中に混じっても、特長が際立っていた。いろんな選手がいたけど、オレはナオが面白い素材だなって思って、その後も注目していた」

一方で、ナオ自身は「ワールドユースの解説をしていたのは知っていたけど、原さんとは面識があったわけでもなかった」。その名前を再び知ったのは、ワールドユースの後、セカンドステージで唯一出場したジェフユナイテッド千葉戦の翌日のスポーツ新聞の紙面だった。自分を名指しして「いい素材だけど、もっとできるはずだ」というコラムを目にした。

「記事で突然、オレの話をしているから驚いた。だけど、この人、オレの何を分かってこんなこと言ってるんだろうって思った。だから正直、最初の印象は良くなかった」

それでも東京から正式にオファーが届き、「話を聞いてみたい」と返答した。当時の東京は、選手全員がひたむきに戦う印象が強かった。そんなチームが自信を失いかけていた自分を求めてくれたことがうれしかった。

サテライトリーグの試合から約1カ月後、混乱を避けるために、練習後に東京・小平市にあるFC東京のクラブハウスを訪れた。施設を見学し、首脳陣との話し合いの場が設けられた。そこで、原が放ったワンフレーズで全てが決まった。

「もし、今来たら使っちゃうよ」

ナオは自分の試合への飢えを見透かされたようなあまりにもストレートな口説き文句に、「エッ」と一瞬あっけに取られた。だが、心を決めた。すぐに荷物をまとめて東京へ引っ越し。翌日には選手たちの前であいさつをして初練習に参加した。

「ベテランも若手も関係なく、みんなが走ることにまずビックリした。全力でボールを取りにいくし、奪ったらそこからまた飛び出ていく。攻守の切り換えも速くてすぐにバテちゃったのを覚えている」

世代別代表で世界大会に出場したとはいえ、Jリーグでの実績は乏しい若手に、周りの主力からは好奇な目が向けられた。旧知の仲の茂庭は加入を喜んだが、残る大半からは「どんな選手なの」と疑問符が投げかけられた。

そんな状態でも、原は公約通り週末に行われたヤマザキナビスコカップ予選リーグの清水エスパルス戦で加入間もないナオを先発起用する。舞台は駒沢オリンピック公園総合運動場陸上競技場。まだ味方の顔と名前も一致しないままだったが、スタジアムでは拍手と、声援で迎えられた。そこで見た景色は、「昨日のことのように覚えている」ものになった。

前半終了間際に、戸田光洋のパスで右サイドを抜け出してGKと1対1になる。ベンチの原が「打て」と叫んだ瞬間、ギリギリまで引きつけてケリーのゴールをお膳立てした。後半28分までプレーを続け、星大輔と交代でピッチを去った。

「出し切った」

開始からフルスロットルだった。乳酸が溜まった体は重く、踏み出す一歩一歩が重く感じた。ゆっくりとベンチへと戻ったが、観客席から届く声援と拍手に気持ちが軽くなった。

「ここで頑張っていくんだ」

連呼される自分の名前を聞きながら、そう気持ちを強くした。この日のプレーで周りからの信頼も勝ち取った。

「忘れられないよ。とにかく出し尽くすことだけを考えていた。『ここで失敗したら……』なんて微塵にも思わなかった。そういうところは変わらない。できなかったらという不安は全て消え去った。なるようになるでしょって。やれることをやったら仕方ないって思いでプレーができた試合だった。あのときの達成感は、今も心のどこかにある」

この年に加入した、茂庭、加地亮、トップ昇格1年目の馬場憂太らが台頭し、原はその若手を積極的に起用した。FC東京に新たな風を吹かせる一人がここにいた。その姿をピッチの外から俯瞰するように眺めていたのが、負傷で離脱していた佐藤だった。初めは、スタンドから自分のポジションに入った若手を「こういう突破の仕方もあるのか」と、冷静に観察していた。

「第一印象？　ナオのことは知らなかったけど、（見た目が）マリノスっぽいなという感じかな。当時は、自分のポジションを確固たるものにしたいと思っていた。だから、切磋琢磨してうまくなろうとは思わなかった。自分がけがから復帰したら、ナオは左サイドにいくのかなって、漠然と思っていた」

ナオはデビュー戦から2試合連続でナビスコ杯に出場すると、フランスで開催されるトゥーロン国際大会に臨むU―21日本代表へと合流した。再び世界との戦いに胸を躍らせた。同大会で同世代の強豪国を相手に互角以上の戦いを演じ、U—21イングランド代表との3位決定戦に勝利して3位入賞を果たした。

「個人的には、思ったような活躍はできなかった。ただ、久しぶりに海外の選手と試合ができて良い刺激になったし、自分のプレーを取り戻すきっかけにもなった。世界と戦える自信にもなった」

イングランド戦が行われた5月17日、日本では中村俊輔の代表落選のニュースが列島を駆け巡った。帰国して、さらに驚いた。日本中が日韓W杯ムード一色に包まれ、連日、日本や各国の情報がテレビで流された。その祭典のラストに立ち会った。6月30日のブラジル対ドイツの決勝を横浜国際スタジアムの観客席で観戦した。カナリア軍団の優勝を見届けると、「自分もいつか」と両足がうずいた。

W杯期間中に中断していたリーグ戦が再開すると、ナオはそこでもコンスタントに出場機会を増やしていった。

思惑の外れた佐藤はけがから復帰してもベンチ外となることも多く、試合に出ても途中出場ばかりだった。そこにけがが重なり、焦りが膨らんだ。だが、その焦りは、自らを磨く糧へと換えた。

「自分のサッカー人生の中でも一番練習した年だった。このピンチをチャンスに変える。シーズン中なのに、あれほど自分の体に負荷を掛けたことはないと思う」

小平グラウンドの全体練習が終わると、決まってコーチの長澤徹を探した。

「徹さん、練習手伝ってくれませんか」

「いいぞ。やるか」

長澤との居残り練習で自分のプレーを磨いた。そこから東京・江東区に移動してパーソナルトレーナーの元でフィジカルトレーニングにも時間を割いた。さらに、自宅近くのジムへと足を運び、プールで体をいじめ抜く。そんな毎日を繰り返したからこそ、誰よりも練習したという自負があった。

「オレがそんなに練習していたのなんて、周りの選手は誰も知らなかったと思うよ。ナオを超越するような選手にならないといけない。そういう気持ちで取り組んでいた」

ナオの脳裏にも、その姿はハッキリと焼きついていた。

「自分を高めようとするユキさんの姿をオレも見ていた。だから、オレも負けないようにしないといけないと一生懸命だった。若かったし、周りに気を配る余裕もオレ自身はなかった」

新たなライバルの出現だった。「負けられない」と気持ちを新たにする中で、もう一つの大きな挑戦が幕を開けようとしていた。

その年の8月、ついに山本昌邦を監督にアテネ五輪を目指すU—21日本代表が本格始動した。その立ち上げの御殿場合宿で、新指揮官が選手たちの前に立った。山本は2カ月前までフィリップ・トルシエ監督が率いた、日韓W杯日本代表にもコーチとして帯同していた。世界を知る男は、まず選手たちに、そのW杯の試合映像を見せた。そこには、セネガル代表FWエル＝ハッジ・ディウフや、韓国代表MF朴智星ら2年後に開かれる五輪への出場資格を持った選手たちが映っていた。彼らのプレーを編集したビデオが終わると、山本は声高に叫んだ。

「この選手たちがお前たちのライバルだ。これだけ多くの同年代の選手がW杯に出ていて、お前たちは誰も出ていない。こいつらに勝たなければいけない。オレたちが目指す世界基準はここだ。ここを目指してくれ」

この一声で、場の雰囲気が一変した。一瞬に空気が張り詰め、選手たちの顔色が変わる。山本は畳み掛けるように、ホワイトボードに数字を書き出し、過去の五輪での事例を挙げてメンバー選考にも言及した。

「残念ながら五輪には18人しかいけない。ワールドユースよりも厳しい選考となる。過去の五輪もそうだったが、半数は下のカテゴリー（この時点でのU－19日本代表）から選ばれるだろう。ここにいる30数人のうち9人の枠しか君たちには用意されていない。

そして、オレはオーバーエイジ枠を3人使おうと思っているから、さらに枠は狭まる。いいか、おそらくここにいる選手の中で代表に生き残って五輪に出場できるのは、多くてたった8人だぞ」

選手同士が顔を見合わせ、部屋全体が緊張感に包まれる。その静けさがトゥーロンでの成果を吹き飛ばす。ワールドユースで初めて世界を体験した選手たちにとって刺激的な言葉が並んだ。

「世界基準」

「ワールドスタンダード」

山本が言い放った常套句に、触れてみたいと思った。

「昌邦さんは口癖のように使っていた。なかなかJリーグだけだとそういう質を求めていくのは難しい。いろいろな遠征や、試合で感じたことを持ち帰って、そこでそれを自分の力にすることを求められた。それはもう意識するしかない。パスのスピード、質、精度。基本的なところなんだけどね」

このミーティングを境に、欧州の試合映像を意識的に見るようになった。移籍したFC東京の原は、当時からスペインサッカーの信奉者として知られ、ミーティングではリーガやプレミアの試合映像がたびたび流された。気になった試合は、チームの分析担当から編集前の試合映像を手に入れ、「自分なら」と、いつもイメージトレーニングをするようになった。

御殿場合宿から一週間後、初の対外試合でU－21中国代表と対戦して0－1で敗れる。ナオは後半からシャドーで出場し、終了間際に一人でボールを運び出してフィニッシュまでつなげた。だが、チームも自身も消化不良に終わった。

その翌月、再び集まったU－21日本代表は、当時Jリーグ最強を誇ったジュビロ磐田に完膚なきまでにたたきのめされる。試合は35分×2本で行われ、0―7で敗れた。試合開始からわずか35分間で6失点を喫した。磐田が誇る、中山雅史と高原直泰のプレスに最終ラインは混乱し、自滅に似た形で失点を重ねた。何一つ通じない残酷なコントラストが描かれた。このあまりにも凄惨な結果に、翌日の新聞紙面は懐疑的な目が向けられた。

これをベンチで見守った山本は「これでいい」と、腹の中でつぶやいた。目指すサッカーを伝える前にやるべきことがあると考えていたのだ。

「当時の磐田は日本で一番強いチーム。それ以上に強いチームは日本の中にはない。そのチームに勝たなければ、アテネ五輪で勝つこと、優勝することなんて夢で終わる。だから試合を組んだときに、磐田にはとにかくベストメンバーでやってほしいと頼んだ。ゴン（中山）や（藤田）俊哉にも『真剣勝負でやってほしい。コテンパンにしてくれたらあいつらはきっと気づくから』と頼んでいた。逆算した上で、世界基準を知らしめていくためには、そういうチームと対戦しなければ分からないことがある。机上の空論を述べたところで、選手には伝わらない」

黄金世代が準優勝した99年のワールドユースと、初の16強に進出した02年の日韓W杯で目の当たりにしてきた世界基準。それをこの世代に教えるのではなく、気づかせることが一番だと感じていた。だからこそ、それを最初の仕事と決めていた。

「まだまだ足りない」。「もっとやらなければいけないことがある」。それを言葉で伝える以上に、この試合は選手たちにガツンと響いた。だから、「これでいい」だったのだ。こんな形のスタートを切った五輪代表は、過去にはない。

ナオも、自分たちの現状にショックを受けていた。FC東京へと移籍し、出場機会も増えていた。それだけに戸惑いは隠せなかった。「こんなにも差があるのって、びっくりするほどの結果だった。何もさせてもらえなかった」。洗練された磐田のサッカーと向き合ったことで、自分のプレーの粗さにも痛いほど気づかされた。

まさに、指揮官の思惑通りだった。しかし、想定外だったのは「オレは4失点ぐらいで収まるものだと思っていたけど、7点も取られてしまった。磐田の方にハッパを掛けすぎたと、あとで少し反省したけどね」と言って、こう続けた。

「チームが出来上がってしまうと、居心地がよくなってしまい、選手たちもその殻から出たがらない。そうなると、甘い考えが起きてしまう。このままオリンピックからA代表までいけると勘違いしてしまう。そんな階段など、用意されていないことを選手たちには知ってほしかった。彼らに、新しいものを作り直すというメッセージを伝えたかった。ここから新しく積み上げていくことが必要なんだと、気づかせるため。そのためのショック療法だった」

効果はてきめんだった。一から、いやゼロからのスタートだった。自信をたたき割られた選手たちは「このままじゃダメだ、どうすればいい」と頭のスイッチが切り替わる。下ごしらえは、これで整った。山本の語る言葉を求め、成長欲と危機感にあふれた。

この大敗を機に、明確なコンセプトが打ち出された。ボールを奪ってから15秒以内にゴールへと運ぶ『15秒理論』もその一つ。山本は「代表の練習ではコンディションを整えることはできても、選手たちを鍛えることは難しい。だから、意識づけを重点に置いた。フォーカスするところをシンプルに伝えることに専心すべきだ」という考えからだった。代表が集まると、決まった練習メニューを繰り返し行って体と頭に刷り込ませた。

そして翌月、U―21日本代表にとって初の公式戦となる韓国で開催された第14回アジア競技大会へと挑んだ。23歳以下が臨む大会だが、規定では3人のオーバーエイジ枠が設けられていた。ライバル国の韓国も、ほぼフル代表に近い編成を組む熱の入れようだった。山本は「日の丸を背負う以上はそんなことは関係ない」と言い、ここにU―21日本代表で臨んだ。

その格上たち相手に、日本は善戦する。1次リーグ初戦となったパレスチナ戦を2―0で勝利し、勢いに乗ると、バーレーン、ウズベキスタンを下して全勝で準々決勝進出を果たす。そこで中国に1―0で競り勝ち、タイとの準決勝へと進んだ。その一戦を前に、山本の言葉にも熱がこもる。

「お前たちはここまで10点満点できている。サッカーは掛け算だ。中国戦が終わって、全部で4戦を戦った。10×10×10×10で、現段階では10000点。でも、せっかく溜めてきた点なのに、次のタイ戦で敗れてその数に0を掛けたら、それはイコール0になって何の意味もなくなってしまう。そこには何も残らない……。それぐらい大事な試合になる。ここまできたんだ、谷間の世代のオレたちが歴史を塗りかえるときがきたぞ」

その気持ちが選手へと伝わる。タイを相手に3－0で圧勝し、それまでの日本のアジア大会における最高順位を更新して決勝に進出した。

一方で、ナオ自身は焦燥感に駆られていた。決勝までの5試合で4試合に出場したが、先発は1試合のみ。山本は「スタメンでプレーできる力もあるけど、特長のある選手だから流れを変えたいときに有効なカードになる」と考え、この大会では切り札として起用し続けていた。

イランとの決勝も、ベンチから自分の名前が呼ばれるのを待った。0－1で迎えた後半残り12分に声が掛かって途中出場したが、残り2分で先に追加点を奪われてしまう。直後に、中山悟志のゴールで1点差に迫ったが、反撃は及ばなかった。

「残り10分で正直、何もすることができなかった。決勝のスタジアムの雰囲気は本当に良かった。あの光景、雰囲気、悔しさ、すべてが忘れられない。自分が成長していく上でも忘れてはいけないと思った」

試合後、表彰式で銀メダルを首に掛けられても、達成感を得られないナオの姿があった。「オレを使え」。無言の中で、そうもがき続ける。苦闘は、もうこのときから始まっていた。

山本は、この結果に満足はしていなかったが、手応えを感じていた。

「全力を出し切らないと戦えない相手との試合が彼らの財産になった。試合を乗り越えるごとにたくましくなっていったし、決勝まで残ったことで長い期間一緒に生活することができた。それが何よりの成果。一人ひとりの個性を確認できたし、チームにコンセプトを植えつけることができた。2つも年齢が下でよくやったと思うけど、まだそこは終着点ではなかった」

クラブで定位置をつかむことを選手たちに課して、代表は一時解散となった。韓国から悔しさを持ち帰った。アジア大会期間中、自分のポジションで佐藤が起用されているのも知っていた。チームでもう一度、ポジション争いが始まる。気持ちと頭を切り換えて、クラブの練習に戻った。そこで何か妙な空気を感じた。だが違和感の正体について仄聞することもなく、原因が何だったのかはずいぶん後に知った。

「自分も、マリノスで試合に出られなくなって、FC東京に来たという経緯があった。だから、危機感は常に持っていた。でも、同時にいつか一緒に試合に出たいと思っていた。ユキさんが右サイドからクロスを上げて、オレは左サイドから中央に切り込んでいく。そういうイメージは心のどこかでいつも思い描いていた」

迷える男は、抗い続けた。「日はまた昇る」と信じて――。ナオは、そんな佐藤のことを「本物のプロフェッショナル」と呼んだ。

「話しにくいわけじゃなかったけど、ユキさんは雰囲気や、オーラのある選手だった。ロッカーも近かったから、ユキさんが来たら場の雰囲気が変わるのが分かったし、そういう姿勢を包み隠そうともしなかった。ちょっと、周りにいる東京の選手とは違った雰囲気だった」

原は、10月26日の第11節ベガルタ仙台戦で3試合ぶりに佐藤をベンチ入りさせると、後半20分から背番号14をピッチに送り出した。この瞬間、初めて2人が同じピッチに立った。

「続けていると、原さんはオレに出番をくれた。あまりに孤独が続いたから泣きそうだった。しかも、味スタ。オレの聖地はここだなって思えた。それまで、オレに何があったかなんてサポーターには分からなかったと思う。でも、オレの気持ちを煽るように応援してくれた」

そのシーズン限りで佐藤はＦＣ東京を去った。同時出場は、この試合を含めて3試合。時間にして、わずか53分間しかない。移籍先は、ナオの古巣であった横浜F・マリノスだった。佐藤は「ナオは関係ない」と言い、「自分を必要としてくれたクラブだったから」と決断の理由を明かした。

2人は東京在籍期間中、ほとんど会話を交わすことはなかった。

「オレにとってナオは特別な存在だった。同業者中の同業者。同じ職場で、しかも管轄まで同じだった。だから、本当は嫌いになりたかった。だけど、嫌いになれないぐらいあいつはイイヤツだった。性格が悪くて、自分勝手な選手だったら、格好の的になった。あいつはあいつで歯を食いしばってやっていた。

「正直、オレが別のポジションなら接し方も違ったかもしれない。もっとこうすれば、よくなるぞってアドバイスしたかった。でも、同業者だから、言いたいけど言えなかった。それが経験を重ねて、どんなに無意味なことか、あとになって気づいた。そいつが良くなっても、またそれを超越するぐらい努力すればいい話。本当に大切なのは、どれだけサッカーと向き合って努力を続けられるかだと思う」

佐藤は翌年、マリノスでポジションをつかみ、チームのリーグ制覇に貢献する。孤独を感じた1年が、そうして報われる。現役時代、照れくさそうに「嫁からあなたの生き方って本当にクレバーじゃないよねって言われるんだよね」と口にしていた。

そんな一本気な佐藤の姿勢は、ナオに「こうありたい」と、深く突き刺さった。この5年後、ナオもまた「サッカー界の父親」と呼ぶ原と衝突する。奇しくも、それはこのときの佐藤と同じ26歳の出来事だった。

第
4
章

©YUTAKA/ アフロスポーツ

2003-2004.03

アテネ経由ドイツ行き

オレは貢献できたのかな

アテネ行きの切符を拾って

ボロスの夜空を見上げることができなかった。全ての感情を吐き出した骸だけが、ただそこにいた。

2004年8月18日、アテネ五輪予選リーグ第3戦。後半17分、第4審判がタッチライン際で背番号14を掲げ、その隣には松井大輔が立った。

「何で?」

ラインの外に出ると、両手で顔を覆った。頭の中に浮かぶ疑問符が重なり、埋め尽くされたときには感情の抑制を失った。傍にあったペットボトルを思い切り蹴飛ばし、ベンチで待つ山本には一瞥もせず、そそくさとロッカールームへと引き上げた。

「頭の中は真っ白だった」

喪失感に襲われ、怒りが込み上げる。熱を帯びた体は少しも冷めることなく、ただ目に映るものの全てを壊したい衝動に駆られた。拳を突き立て、感情をぶちまけるだけ、ぶちまけた。「ロッカーをガンガン殴って、蹴飛ばしてワンワン泣いた」。それでも、むなしいだけだった。

「これで終わりなの?」

まだ試合は終わっていないのに、さっきまでピッチにいた選手が突然、ロッカーで泣きじゃくっている。ベンチ入りできない数人のスタッフは、その姿に困惑の表情を浮かべて顔を見合わせる。意を決した一人が「どうしたの」と肩をたたき、声を掛けた。

「冷静になって、まずシャワーを浴びてこい。それからでいいから、ベンチには戻るぞ」

シャワーヘッドから流れ出てくる湯で汗を流して我に返った。深く長いため息と一緒に怒りを少しだけ吐き出し、頭の中にできた余白でやるべきことを考えようとした。

「少しだけ気持ちが落ち着くと、まずサポーターと父親の顔が頭に浮かんだ」

ベンチには戻りたくはなかったが、スタッフに促されて無理やり足を運んだ。深く腰を掛け、視線を前方に移した。さっきまで自分がいたはずのピッチがずいぶんと遠くに感じる。目の前でチームメートは必死になってガーナの猛攻を封じていた。だが、自分の思いは、そこにはなかった。

試合終了の笛は耳に届いたが、「もう上の空だった」。そこまでの道程を振り返る余裕もなかった。ぼんやりと、ただ思った。

「これからオレ、どうすればいいんだ」

2002年の日韓W杯を契機に、アテネ五輪を目指すU—22日本代表にも熱い視線が注がれた。「アテネ経由ドイツ行き」というコピーがサッカーファンの胸を躍らせ、日本サッカーの次代を担う彼らの人気も急速に高まった。それが親善試合の動員を増やし、4万人を集めた試合も少なくなかった。

その多くの期待を背負い、2003年5月1日からアテネ五輪2004アジア地区2次予選が始まった。ナオもFC東京への期限付き移籍で自信を深め、遠征と合宿を繰り返す中で代表でも出場時間を徐々に増やしていた。

「東京で納得のいくプレーが続いて、代表でも自分らしいプレーができるようになってきた」

その手応えは形となる。国立霞ケ丘陸上競技場で行われた、ミャンマーとの第1戦にはフル出場して1アシストし、5—0の勝利に貢献。その2日後、味の素スタジアム開催となった、第2戦には途中出場からゴールを挙げ、チームは4—0で勝利した。この結果、日本は最終予選へと進出する最初のチームとなった。ただし、当初は8月30日から10月18日までの日程で行われる予定だったアジア地区最終予選は、SARS（重傷急性呼吸器症候群）の流行によって大幅な延期がすでに決まっていた。開催は、翌年の3月以降へとずれ込むこととなった。

「延期になったからこそ、その間に個人の課題でもあったクロスやフィニッシュの精度をJリーグや普段のトレーニングで磨こうと思っていた」

そこに、うれしい知らせが届いた。5月12日に22歳となった翌日、FC東京・強化部長の鈴木からこう伝えられた。

「ナオ、おめでとう。A代表に呼ばれたぞ」

日本サッカー協会は、東アジアサッカー選手権に臨むA代表の予備登録メンバーを発表。五輪代表チームからはナオと松井大輔、そして大久保嘉人の3人が選出された。

しかし、同大会も当初5月28日から6月3日の日程で開催される予定だったが、12月開催へと延期。代わりにJヴィレッジでの合宿と、韓国との親善試合が組まれた。

「何なんだ、このレベルの高さは」

初のA代表は、合宿初日から新鮮な感動であふれていた。紅白戦ではほしいタイミングでパスが届き、寄せの速さ、体の強さに衝撃を覚えた。ただ、ゲームには出場することができず、日韓戦はスタンドからの観戦となった。「甘くはない」。その悔しさが、自らを奮い立たせる糧となった。

「これだけのプレーができれば、A代表にも入っていけるという物差しが自分の中でできたことは大きい。選ばれていなかったら、自分がどのレベルまでいけばA代表に入れるかなんて全然分からなかった。ジーコも最初は可能性に懸けて選んだと言ってくれた。また一つ新たなチャレンジが始まった」

続くアルゼンチン、パラグアイとの親善試合にも選出されたが、試合出場はかなわなかった。

フランスで開催されたＦＩＦＡコンフェデレーションズカップ２００３のメンバーからは落選。代表に定着するために、縦への突破だけでなく、右サイドからカットインして左足シュートという新たな形にもトライするようになった。クラブ、世代別代表、Ａ代表を掛け持つハードな日々が始まった。

その間に、大きな決断を迫られた。ＦＣ東京から横浜Ｆ・マリノスへと活躍の場を求めた佐藤は、そこでポジションを獲得して完全移籍の話が進んでいた。ナオにも東京から完全移籍での獲得の意思が告げられ、マリノスか、東京かで気持ちが大きく揺れた。ナオにとっては、「それが理想だった」。期限付き移籍を決めたとき、一つの誓いを立てていた。

「シーズンが終わったときに、マリノスからは帰ってきてくれと言われ、東京からは残ってほしいと言われる状況をつくり出したかった。それがオレの中での理想だった」

そう心に決め、無我夢中で日々を過ごした。そして、まさに思い描いた理想の状況が訪れた。まさに人生の岐路に立たされていた。

「お兄ちゃんなんだから直宏がお父さんの代わりにならないとね」

幼いときから聞き慣れたフレーズは、「自分は強くありたい」と思わせた。ただし、知らず知らずのうちに、弱みをみせてはいけないというバリアをつくるようになっていた。父・二三夫は少し寂しさを湛えた表情で言った。

「直宏は、私たちに相談したりすることはないんです」

その言葉を隣で聞いて頷き、「あのときも」と言ってさなえが苦笑いをする。

「東京に移籍を決めたときも、事後報告だったんですよ。私たちが知るときは、もう全部決まった後でした」

限られた猶予の中で、ナオが頼ったのは憧れの男だった。「マツ君ならどんなふうに考えるんだろう」。着る服を真似て、食事にも連れて行ってくれた兄貴分に胸中をさらけ出した。「うん、うん」と合いの手を入れ、ナオの思いを全て聞き終わると、松田はこう語り掛けた。

「ナオはさ、まだマリノスではクラブの顔になるまでに時間がかかるかもしれない。だけど、FC東京で今のプレーを続けていたら間違いなく、お前はチームの顔になれるぞ。正解はないし、決めるのも、その後どうするかもお前次第だけどさ。お前はどうしたいの？」

正解はない。だけど、答えはその先の自分がつくる。「その言葉がスッと自分の中に入ってきた」。ぶっきらぼうだけど、熱く響く松田らしい言葉だった。

「マツ君、オレ決めました。東京で頑張ります」

自分を育ててくれたクラブからの旅立ちを決断した。「そっか、頑張れよ。対戦するときはバチバチ行くからな」。そのエールに応え、東京の象徴となった自分をこの人に見せたいと誓った。

後日、横浜と東京は、ナオと佐藤の完全移籍を発表した。

U―22日本代表を率いる山本は、ＳＡＲＳの流行によって延期となったアジア地区最終予選を見据え、暑熱と中東対策を掲げて強化プランを練り上げた。毎月のように海外遠征を組み、あえて厳しい環境に赴きタフなゲームを重ねた。ここにも山本の持論があった。

「ピッチだけでなく食事や休養、メンタルコントロールも含めて全てが戦い。そうした世界を知ることで、若い選手たちにとって将来の財産になる」

多忙な日々が続く中、ナオはついに念願の場所に足を踏み入れる。こちらも順延となっていた東アジア選手権で、代表初キャップを飾った。12月7日の香港戦で埼玉スタジアム２００２のタッチラインに立つと、後半34分からピッチの中に入っていった。右ウイングバックで途中出場して果敢にドリブル突破を試みるなど、らしさも見せた。チームも１―０で勝利を収めた。

「やっとA代表のピッチに立つことができた。時間は短かったけど、勝敗の重さも感じることができた。思ったよりも冷静にプレーできていたし、自分らしい仕掛けもできた。この一歩がなければ、次のステップもない。だからここから着実にステップアップしていこうと思った」

このデビューによって人気に拍車がかかり、露出も増えていった。将来を嘱望された若手が多くそろうクラブの象徴的な存在となったナオをメディアも放っておかなかった。A代表へと駆け上がったアテネ五輪世代には、次から次へと取材の依頼が舞い込んできた。多いときは週３日以上のペースで、それを一つずつこなした。「今までで一番忙しく、大変だった」という２００３

年は目標にしてきたことを一つずつ手にし、毎日が充実していた。そんな1年を当時、ノートにこう締めくくっていた。

「チームとしての目標であるタイトルと、オリンピック出場、そこで結果を残すことを2004年にトライしていこう。考え方は色々あると思う。人それぞれの形があって、もちろんいいし、そうじゃなきゃつまらない。ただ十人十色の考えがあるわけだし、俺としては自分の形はもちろんだけど、来年以降も自分自身もっと上を目指してやっていきたい」

オリンピックイヤーの始まりは、A代表の合宿からだった。1月26日から宮崎で合宿を行い、そのまま鹿嶋に移動。2月7日のマレーシアとの親善試合に臨んだ。その試合に、後半途中から出場を果たした。だが、続く国立霞ケ丘陸上競技場で行われたイラク戦では出場がなく、その後のドイツW杯アジア1次予選オマーン戦のメンバーからは外れてしまう。FC東京の石垣島合宿に合流し、4日間をチームと共にした。そこから茂庭と一緒にU－23日本代表のU－23韓国代表との試合に向けて大阪へ出発した。A代表でのトレーニングを重ねたことは自信にもなったが、すぐに気持ちを切り替えた。

しかし、U－23日本代表は、オーストラリア合宿からU－23イラン代表、ロシア代表戦を経てチームとして成熟度を高めていた。

「遅れて合流してきたオレたちに対して、こいつらには負けたくない。いきなり帰ってきて試合に出場できるわけじゃないという無言のプレッシャーを感じた。チームとして完成しつつあったし、そのとき大きな危機感を感じた」

だが、体の反応が鈍い。求められることをうまく表現できない。徐々に、「何で」と焦りが募った。日韓戦は後半からの出場となった。チームは2－0で勝利を収めたが、焦りの色は濃くなっていく。

「A代表でもメンバーに入れず、かといってU－23日本代表にも自分の座る椅子がない。どっちつかずのままだった」

当時、広報担当だった山本洋平は「ナオには悪いことをしてしまった」と言って後悔の念に駆られる。

「まだチームとしていろんな経験ができていなかった。だから疲れてチームに戻ってきても規制することなく、どんどん取材を受けてしまった。ナオもああいう性格だから、それを快く引き受けてくれたけど、後になって話を聞くと相当辛かったらしい」

2つの代表と、FC東京での活動で肉体的な疲労と共に、精神的な疲労も重なった。東京の山岸昂司トレーナーは、「悪いけど、これからちょっと見てもらえるかな」と、クラブハウスのマッサージルームに入ってきたナオを見て驚いた。

「こんな時間まで取材だったの？」

「そうなんですよ。ありがたいですね。でも……ちょっと疲れたかな……」

「ナオは、みんなから期待されているんだね」

いつも気のいい返事から始まる会話も長くは続かなかった。山岸がマッサージを始めると、すぐに深い眠りに落ちた。スタッフミーティングでも、ナオの蓄積疲労が議題に上った。そして、監督の原からクラブに取材規制を掛けるように要望が出される。

「周りからの期待を一身に受けていた。ナオがオリンピックで活躍するんだろうってみんながそういう目で彼を見ていました」(山岸)

その期待に反して、ナオの不安は膨らんだ。心と体に疲労を抱えたまま、アジア地区最終予選へと突入する。

「U―23日本代表にいる存在意義を感じられない焦りや不安と、自分を信じる気持ちの両方があった。このままだと、オレは置いていかれるかもしれない。だからすごく複雑だった」

最終予選は2次予選を勝ち上がった12カ国が3組に分かれた。日本が入ったB組の中には中東勢が3カ国入ったため、3月1日から始まるアラブ首長国連邦(UAE)ラウンドと、14日からの日本ラウンドのダブルセントラル方式という特殊な日程が組まれていた。UAEへと移動してトレーニングも続けたが、不安は解消されない。そこでの紅白戦や練習試合で思うようなパフォーマンスを見せられないでいた。「まいった……」と唇をかむ。

「自分のやるべきこともしっかり整理されていたし、イメージも悪くなかった。試合をしばらくしていなかったので動きの量やイメージの確認の意味も含めてゲームに入っていった。でもできていると思っていた攻守の切り替えや、常に動きながらスペースに飛び出してく形が周りに比べてできていなかった」

当然、山本からも厳しいゲキが飛ぶ。「焦る必要はない」と頭では分かっていても、周りとの差を感じずにはいられない。時間が解決してくれるという淡い期待はあった。だが、不安を埋めるはずの練習をすればするほど、自分のプレーとチームが求めるプレーに開きを感じた。

「考えていた以上に、ほかの選手は当たり前のようにやっていた。求められていた基準にみんなは近づいているが、オレだけが遅れをとっている。意識してプレーしていけばできることだけど、最終予選を突破するためには今自分ができていないことをしっかりできる人間がピッチの上に立つと思う」

チームは、この最終予選を前に完成へと近づいていた。そこに溶け込めない焦りや、もどかしさはUAE入りして一層強くなっていた。

「予選突破が最大の目標。自分が活躍してそれに貢献することを考えてきたけど、それどころじゃなくなった。まずは自分のプレーを戻さなきゃいけなかった」

どうすればいいのか。考えれば考えるほど空回りした。UAEラウンドでは、そうした不安以外に別の戦いも待っていた。

「フードを被り、首元を冷やさないように壁にもたれ掛かるな。飛行機の中では必ず水分を取るようにしろ。食事は気をつけろ」

そういった注意喚起が行われていたが、チームは原因不明の下痢騒動に襲われてしまう。「オレが第一号だったんじゃないのかな」と、茂庭が言う。初めは周りに隠していた。初戦のバーレーン戦で控えとなったが、試合中に何度もトイレに立った。

「このままじゃやばいと思っていたけど、思ったよりも早く回復できた」

茂庭が胸をなで下ろした矢先、周りの選手たちも腹痛を訴えてバタバタと倒れ始めた。ナオは比較的軽症で済んだが、発症のタイミングや重度もそれぞれ違い、原因を特定することはできなかった。おかげで食事会場は異様な光景となった。毎回、各テーブルに抗生物質が配られ、料理と薬がテーブルに並ぶ。

これには、山本も焦った。初戦のバーレーン戦に0―0で引き分け、続くレバノン戦は4―0で勝利した。だが、試合をするたびに、コンディションを崩す選手が増えていく。試合前の円陣を組んでいる最中にトイレに駆け込む選手が現れるほど、チームは最悪な状態に陥っていた。3戦目のUAE戦は、内容など度外視。選手たちには、勝つために守備的なサッカーを要求して80分間を耐え、残り10分間で攻撃へと転じた。

「あとで周りには散々いろんなことを言われたけど、あの状態の選手たちに託す策はそれ以外に考えられなかった」

ナオは、その試合でベンチを温めた。「コンディションは万全ではなかったけど、試合に出場できないほどではなかった。でも、チームが一番苦しいときだったのに、力になれなかったことがもどかしかった」。

苦肉の策でUAEに辛くも2－0で勝利を収めたが、続く日本ラウンドも苦戦は必至だった。菊地直哉と、成岡翔の状態は特に酷く、宿舎待機が続き、ほぼ練習場に顔を出すことはなかった。帰国後、選手の入れ替えを余儀なくされた。そこで、UAEラウンドに招集しなかった大久保嘉人と、けがから復帰直後の阿部勇樹をチームに呼び寄せた。

しかし、日本ラウンド初戦のバーレーン戦は0－1で敗れ、さらにこの試合で最終ラインの要だった田中マルクス闘莉王が肉離れで戦列を離れてしまう。この時点で、日本、UAE、バーレーンが同じ勝ち点7で並んだ。アテネへの扉は、閉ざされかけていた。「一歩間違えれば」というヒリヒリとした感覚が選手を襲う。ナオは自分の置かれた立場と、チームの窮地に押しつぶされそうになっていた。

「バーレーンに負けてヤバイという状況に陥った。次のレバノン戦では個人としても結果を残さないとオリンピックにいけない。すごいプレッシャーだった。こうしよう、ああしようといろんなことを考えると、寝ようとしても眠れなかった。そんなことは今まで一度も経験したことがなかった」

布団に体を潜らせて目を閉じたが、最悪のイメージばかりが浮かんだ。「この2試合の結果次第で、このまま一生、谷間の世代と呼ばれ続けるんじゃないのか」。

迎えた日本ラウンド第2戦のレバノン戦当日の朝だった。宿舎の中には、その日のスケジュールが張り出されるホワイトボードが置いてあった。毎朝、選手たちが目にするそれには、前日までなかった言葉が書かれていた。選手たちはそれを暗誦した。一人がそうすると、また一人が立ち止まって同じことを繰り返す。浅い眠りから目覚めたナオもそれを見て奮えた。

『高ければ高い壁のほうが、上ったとき気持ちいいもんな。

だからみんなで頑張ろうぜ』

そこに書かれていたのは、Mr.Childrenの『終わりなき旅』の歌詞を引用したフレーズ。それが、このチームの挑戦者としての姿勢を呼び覚ました。ワールドユースのころから大きな壁を乗り越えようと、一人ひとりが戦ってきた。その反骨の歴史こそ、このチームが持つ最大のエネルギーだった。主将を務めた鈴木啓太は、チームメートが寝静まったあとに白板に向かい、それを書いた。眠れぬ夜を過ごしていたのは、ナオ一人だけではなかった。

レバノン戦は、攻撃的な選手が名を連ねた。U―23日本代表は満員の国立霞ヶ丘陸上競技場で息を吹き返す。阿部のFKで先制し、大久保が決勝点を決めて2―1で勝利した。日本ラウンドからチームに加わった2人がチームを救った。ナオ自身はフル出場したが、プレーに精彩を欠き、勝利に沸くチームのなかで浮かない表情を浮かべていた。

2日後、最終戦のUAE戦を前に、山本は「アテネの切符はきょうの国立競技場に落ちているぞ。自分で拾ってこい」と選手たちに伝えた。レバノン戦に続いて5万人を超える大観衆が彼らを迎えた。日本の選手たちは、それまでの苦戦が嘘だったかのように躍動した。那須大亮の得点で先制し、大久保がこの日も2得点を挙げて3―0で快勝した。一方でナオは、そのピッチに立つことも、予選を通じて、チームの絶対的な存在になることもできなかった。

試合終了後のピッチでセレモニーが行われ、アテネへの切符をつかみ取った選手たちの笑顔が弾けた。山本を中央に歓喜のウォーターファイトが始まる。そのセレブレーションは、このチームのハイライトシーンだった。そこから選手たちは、予選突破を祝って打ち上げを開いた。そこに誘われたが、素直に喜ぶ気持ちにはなれなかった。

「自分がゲームに出られなかった悔しさもあったけど、その悔しさをぶつける場所ができたことを喜んだ。出場権がなければ、それすらないわけだから。谷間の世代というイメージを払拭し、オレの評価を変えられるかもしれない」

選手たちの輪から離れ、「明日、練習があるから」と先に帰宅した。自宅までの車中、ずっと同じことを考えていた。

「オリンピックの出場権獲得にオレは貢献できたのかな」

そのフレーズがグルグルと頭の中で回り、リフレインし続けた。

第

5

章

©MEXSPORT/ アフロ

2004.
5-8
アテネ五輪

【これから何を目指せばいい】

―輝く北極星の下で

運命を分ける本大会メンバー発表までは駆け足で過ぎていった。この最終予選の翌月には本番のシミュレーションも兼ねてギリシャ遠征へと赴き、2試合を戦った。さらに、5月にはトルコ選抜と味の素スタジアムで対戦した。その試合に後半から途中出場すると、同23分に負傷退場してしまう。その足で病院に向かう。左足内側側副靱帯損傷。全治は4―6週の診断結果が下った。

「ゲームにもスタメンで出られない。途中出場でアピールしなきゃと思ったのに、左膝の内側を痛めてしまった。全治までの期間を考えると、メンバー発表までに間に合うかどうか分からなかった。このままだと選ばれずに終わるかもしれない。もう焦りしかなかった」

不安定な気持ちがけがを呼んだ。最悪の事態に、ヤキモキした。だが、できることが限られていたことが幸いした。最終予選からはゲームが続き、日々の練習よりもコンディションの調整に重きを置いてきた。山岸トレーナーと、全治までの約1カ月間で体を鍛え直して気持ちも整理できた。

「もうやるしかなかった」

復帰戦の舞台は、新潟で開かれたJリーグのオールスター戦となった。プロになって初めて立つ試合だったが、不思議と緊張はなかった。「ここでどうすれば五輪のアピールになるかしか考えていなかった」。だから、ゴールしか見なかった。

左膝に巻かれたテーピングは痛々しかったが、思った以上に体は動いたことに自分でも驚いた。開始6分で最終ラインの背後に抜け出し、GKもかわして先制点を奪った。前半17分には、ショートコーナーからシュートを放ち、そのこぼれ球を押し込んだ田中達也の得点にも絡んだ。

「リーグも中断期間に入っていたし、コンディションもそれぞれで差があった。でも、オレは五輪に出場するためにけがが完治したことをアピールする試合だと位置付けていた。ここで活躍しても、どれぐらいの評価につながるかは分からない。でも、オレにとっては昌邦さんに向けてアピールする数少ない試合の一つでしかなかった。本大会のメンバーに生き残るためにもできる限りのことをやろうと思った。だから必死。周りの選手とは、温度差があったと思うよ」

この活躍にはおまけがついてきた。

「2004　JOMOオールスター　MVPは……FC東京・石川直宏」

プロ初の個人賞は、必然のMVPだった。お祭りムードの中に、一人だけ本気の選手が混じっていたのだから目立たないわけがなかった。

「あれだけの選手がいる中で、自分が評価してもらえたことは素直にうれしかった。だけど、昌邦さんはこの試合を見てくれていたのかな」
気掛かりなのは、それだけだった。

本大会出場を決めた、U－23日本代表に対する関心は、「誰がオーバーエイジ枠で呼ばれるのか」に向いていた。次々と、候補の名前が挙がっていく。それが報じられるたびに、同じポジションの選手たちは戦々恐々としていた。まず有力視されたのが、GKの招集だった。U－23日本代表に招集されていたGKのほとんどが、所属クラブで控えに甘んじていたため、3つの枠のうち一枠はGKになることが確実だった。残り2枠には、小野伸二と高原直泰の名前が挙がっていた。だが、肺に血栓ができた高原の招集は難しく、小野に関しても所属するフェイエノールトが招集に難色を示しているとも報じられた。

山本は、チーム始動からオーバーエイジ枠を使用することを明言し、本大会を勝ち抜くためにもチームの軸が必要だと思っていた。その2人でなければいけなかったという。
「過去の五輪を見ても得点力は不可欠な要素だった。選考の基準としてオーバーエイジの選手同士のコンビネーションも意識しなければいけない。そういう意味で、下の年代から一緒にプレーしてきた、あうんの呼吸を持っている伸二と高原はまさに適任。2人の相乗効果がこのチームに足りない得点力を補ってくれると考えていた」

山本は国際大会においては、先制点が勝敗の70％を占めるというデータから逆算して2人を中心にしたチームづくりを進めようとしていた。アテネ五輪代表発表直前に、暑さ対策も兼ねて沖縄・石垣島で最終候補合宿を開いた。山本は、そこにGK曽ケ端準と、肺動脈血栓塞栓症を抱えていた高原を参加させた。オールスターでのMVPで自信を取り戻したナオも、その最終候補に名を連ねた。「ここまでやってきたんだから、変に力むよりも選ばれる前提で取り組もう」と、最終審査に臨んでいた。

本大会のメンバーは、わずか18人。予選を死に物狂いで戦ったメンバーから数人が削られる。オーバーエイジ枠を含め、「昌邦さんがどういう選択をするのかは最後まで選手も分からなかった」。高原は別メニューでの調整が続き、合宿期間中は一部の練習に合流しただけで、その後のU―23チュニジア代表にも不出場となった。それでも、山本は最後まで高原招集の可能性を探り続けていた。

そして、7月16日のアテネ五輪最終登録メンバー発表の日を迎えた。山本は沈痛な面持ちで登壇すると、一人ずつメンバーを読み上げた。自分の名前が呼ばれ、ナオは安堵した。だが、ワールドユースから共に戦ってきた山瀬功治や、前田遼一、主将としてチームを引っ張ってきた鈴木啓太の落選には衝撃を受けた。複数のポジションができることや、明確な役割を持った選手を重視した選考結果となった。オーバーエイジ枠で小野と、曽ケ端が入ったが、そこに高原の名前はなかった。日本サッカー協会スポーツ医学委員会は、高原の肺動脈血栓塞栓症には治療薬の服用期間として最短でも3カ月は必要だと結論づけたからだった。

メンバー発表後に、U－23韓国代表、U－23オーストラリア代表と試合を重ね、ベネズエラ代表との壮行試合を経て、大会直前の時差ぼけ解消を目的にチームはまずドイツへと渡った。合宿地となったニュルンベルクには、2年後のドイツW杯の会場に選ばれているスタジアムがあった。『アテネ経由ドイツ行き』。ナオは「ここに戻ってくるぞ」と、思いを馳せた。このドイツ合宿から小野がチームに合流。指揮官が信頼を寄せる司令塔と、この調整期間を利用して連係を高めたいと、ナオは考えていた。だが、紅白戦では控え組となり、練習試合でも途中出場が続き、ほとんど小野とは同じチームでプレーできなかった。

「合宿が進むにつれて、難しいかもしれないと思い始めた。ドイツに入ってからも練習試合に出場する時間も限られていた。だけど、ネガティブにならないようにしていた。試合に出場して活躍すれば必ずチャンスは巡ってくると思っていたから」

高原の招集を断念した時点で、山本のプランに綻びが生まれていた。短期決戦では勢いがモノを言う。だからこそ、初戦で勝ち点を落とすわけにはいかない。そこで、山本はナオには途中出場から流れを変える働きを期待し、守備を優先させて右サイドにはサイドバックが本職の徳永悠平を置いた。

そして、1次リーグ初戦を迎えた。パラグアイとの決戦の会場は、ギリシャのテッサロニキ。試合は、危惧していた先制点を開始5分で奪われ、そこから激しい打ち合いとなった。

「パラグアイも強かったけど、自分たちも狙いを持ってやれていた。力を発揮しきれなかったワールドユースとは違う。オレたちは戦えている。そういう感覚だった」

チームメートの頼もしい姿をピッチの外から見守りながらも、自分の出番に向けてイメージを膨らませた。点の取り合いなら「絶対に出番は来る。早く来い」と、ウォーミングアップにも熱が入った。準備はできていた。「いつでもいける」と、チラチラとベンチに座る山本の顔を何度も確認した。

だが、最後まで自分の名前が呼ばれることはなかった。残り10分で1点差まで迫り、飛び級で選出された平山相太の高さを生かした攻撃でゴールをこじ開けようとした。だが、あと1点が遠く、長い笛が鳴った。決勝トーナメント進出には、最も重要だった初戦を3―4で落とした。

「出場できなかったことと、負けた悔しさの両方あった。でも、試合に出られなかった悔しさの方が勝っていたかもしれない。この展開で出場できないなら、いつ出られるのという気持ちだった」

試合翌日に、テッサロニキからボロスへと移動した。本大会の組合せが決まった瞬間から、この第2戦を待ち望んできた。次の相手はイタリア。アルベルト・ジラルディーノ、アンドレア・ピルロ、ダニエレ・デ・ロッシ……すでに、セリエAの各クラブでの実績も十分な錚々たる面々が顔をそろえる。掛け値なしの世界基準の選手たちとの対戦が控えていたのだ。落ち込んでいる暇などなかった。この悔しさは、必ずいい方向へと向かうエネルギーになると信じた。

第2戦は、サイドで数的優位をつくり出そうとするイタリアを警戒し、システムを4―2―3―1へと変更して臨んだ。初戦の反省を生かし、山本は試合開始から20分間を警戒するように指示を出して選手を送り出した。

だが、またしても早い時間帯に先制を許してしまう。その得点はあまりに鮮やかだった。前半3分、デ・ロッシに左サイドからのクロスをオーバーヘッドで決められる。「この舞台でそれをやってのけるか」と、山本も驚く衝撃の失点だった。さらに、同8分には最も警戒していたジラルディーノに得点を与え、開始から数分で2点のビハインドを負ってしまう。

イタリアが見せたスーパープレーに浮足立つ日本。そこに追い打ちを掛けるように、アクシデントが重なる。同19分、右サイドバックで出場していた徳永が負傷退場でピッチを後にしてしまう。「ここだ」と、ナオは思った。

「リードを許した状況で、得点を取らなければいけない。それなら……」

しかし、自分の名前が呼ばれることはなかった。山本は、まず守備を落ち着かせようと、DF

の那須を投入した。直後に、阿部が直接FKから得点を挙げて1点差へと迫った。そのゴールをきっかけに、日本はいい流れをつかみ始めていた。だが、同36分に、またも左サイドからのクロスにジラルディーノが頭で合わせて、再びリードを2点差に広げられてしまう。

その後は、日本も決定機をつくり出し、敵陣へとボールを運んだ。後半に入ると、次々と攻撃的なカードが切られた。それでもナオの名前は呼ばれない。「オレの出番はいつ来るんだ」といら立った。目の前では、チームメートが世界レベルの力を見せつけるイタリアと熱戦を繰り広げていた。

「ベンチとタッチラインの向こう側は大違いだった。ベンチにいるオレとは別世界に感じた。近くにいるはずなのに、すごく遠かった」

日本の2点目が生まれたのはアディショナルタイムだった。セットプレーから高松大樹が頭で合わせて、1点差まで詰め寄った。タッチラインを挟んだ、ピッチの中と外の熱量は雲泥の差だった。向こう側は熱いのに、自分の体は冷えきっている。必死の抵抗を見せる仲間の姿をただベンチから見ることしかできなかった。2―3で試合は終了した。目の前では、イタリアに善戦したチームメートが涙を流して悔しがっていた。

「オレは何のためにここにいるのか。ワールドユースが終わって世界と戦って勝ちたいと思ってきた。それがこれで終わってしまうのか。モチベーションをどう保てばいいのか全く分からなかった」

この結果、2連敗でグループリーグ敗退が決まり、3戦目のガーナ戦は消化試合となってしまった。ただ、世界との真剣勝負が終わったわけではない。山本は「これで終わりじゃない。この苦い経験をどう生かすかだぞ。次の一試合は単なる消化試合ではなく、すばらしい経験になると、オレはそう思っている。だから全力でやるぞ、ここでのプレーはのちにきっと評価される。ドイツ行きへのアピールにもつながるぞ」と、下を向く選手たちを鼓舞した。指揮官がそう言葉にしたのは、イタリア戦の結果に、手応えもあったからだった。

「イタリア戦のサッカーの質では最高のものが出せたと思う。ただ、イタリアの選手たちはここぞというときにスーパープレーが出せる。そして、ゲームの中での駆け引きをあの若さで理解していた」

勝負所の見極め、ゲームの流れを読む力、若い選手たちが世界へと羽ばたくために、身につけるべき手本はそこにあったのだ。だからこそ、この経験をつなげてほしいと思っていた。

その試合後、ホテルに帰ってからも、ナオの気持ちはざわついていた。

「必ずチャンスがあると信じていた。でも、文句や批判を言うことは簡単だと思った。単にオレの力不足だというのは仕方ない。けど負けている状況だし、点を取りに行かなければいけない中で使われなかったらいつ使ってくれるんだ、という考えになる。何のためにここへ来たのか、正直、分からなくなった。オレが必要なときはいつなのか。そんな気持ちでいっぱいだった。悔やんでも悔やみきれない。予選リーグ敗退は決定した。消化試合ってことには変わりはない。オレはそんな試合をしにきたわけじゃない。予選リーグ突破の懸かった重みのある、これまで感じたことのないプレッシャーの中で試合がしたかった。悔しさと監督への疑問で寝られない。今のままでは泣くにも泣けない」

1次リーグ敗退が決まった翌日、気持ちを切り替えてトレーニングに臨んだ。「今までの道のりを無駄にしてはいけない。（気持ちが）途切れてしまえば、その時点で終わってしまう」。そう思って、一つひとつの練習メニューに集中した。

敗退が決まり、チームには終戦ムードが漂っていた。ナオと同じく本大会で出場機会がなかった菊地直哉らと「オレたちは終わりじゃない。オレたちの手でどうにかしよう」と話をし、試合出場に向けて気持ちを傾けていった。

「続けていこう、まだまだやるべきことは多くあるけど、一つひとつトライして自分のものにしてレベルアップしていく。その毎日の繰り返しで自分の目標も近づいてくる。だから（ガーナ戦は）チャンスだし、本当に楽しみ。この悔しさを力に。ベンチにいたオレたち以上に悔しさを味わった選手などいないし、そういった気持ちが本当の力になる。まずはその一歩としてのガーナ戦。いい準備をしよう」

ガーナ戦前日が、アテネ五輪代表として最後の練習となった。先発することがほぼ分かり、これまでのことが走馬灯のように浮かんだ。どうしてもパラグアイ、イタリアの2試合をベンチで過ごした悔しさが再燃する。集中しなければいけないのに、堂々巡りのまま、いろんなことを考えてはボーッとしてしまう。

「正直、どういった気持ちで臨めばいいのか、複雑だった。試合になってみないと分からない。でも意地しかなかった。昌邦さんに対してこれだけできるんだというのを見せたかった。テレビの向こう側で見ている人にそれが伝われば、何であいつを使わなかったのかと言ってもらえる。そうなることをオレは望んでいたのかもしれない」

このチームでは吹き出しそうな感情を無理やり抑え込んできた。それを表に出してしまえば、チームの輪を乱してしまう。そうやって不満や怒りを誰にも伝えず、自分の奥の方にしまい込んできた。その全てを、次の一試合に注ぐ。そう決めた。

「自分のためにという気持ちもある。この悔しさも、オレに期待してくれた人に対する感謝の気持ちも込める。日本から親父や親戚も駆けつけてくれている。応援してくれている人たちもいっぱいいたから。原点を見つめ直すことができる機会を得たのかもしれない。必死でプレーする姿をみんなに見てもらう。この大会は、それで終わりにしようと決めた」

日本にとっては消化試合となったが、決勝トーナメント進出が懸かっていたガーナは必ず真剣

アテネ五輪・1次リーグ第3戦ガーナ戦で先発出場した石川直宏（前列中央）。

勝負を挑んでくる。その確信だけが救いだった。

試合前のホテルでのミーティングで正式に先発が告げられた。会場はボロスのパンテサリコ・スタディオ、キックオフ時間は20時半。3日前、冷えていく体に寂しさを覚えた同じ場所で、試合開始の笛を待った。

「監督の判断に何を言っても仕方がない。あのとき、とにかく今できることをやろうと思っていた。最初から全力で残された90分に、全てを出し切ろう」

息を吐き出し、体の力を緩める。自分に「うまくやろうなんて考えるな。全力で戦う」と言い聞かせる。ホイッスルを耳にし、塞いできたふたを開けて感情を解き放つ。感情の高ぶりを感じたが、頭の中は驚くほど冷静だった。

「あれほどいろんな思いがあったのに、気づいたら忘れていた。あんなにサッカーが楽しいと思えた試合はそうはなかった」

ナオは試合開始から右サイドで起点となり、何度も得意のドリブルから好機をつくり出す。前半37分、ピッチ中央から菊地がゴール前に浮き球のパスを送る。それを大久保が頭で合わせ、3試合目にして初めて先制点を奪った。先手を取った日本は、ガーナのスティーブン・アッピアーを中心にした攻撃を封じ、面白いように相手ゴールへと仕掛けていく。

後半に入り、負けられないガーナも徐々に攻勢を強める。それでも日本は体を張った守りでそれをはね返し続けた。あっという間に時間は過ぎていった。「まだやりたい。もっとやりたい」。体力的にはまだ余力もあった。ここからが勝負だと思っていた。同16分、ナオがゴール前でこぼれ球を拾い、エリア内へと送る。高松がワントラップから右足でシュートを放ったが、これは相手GKに阻まれてしまう。

その直後だった。第4審判がタッチライン際で背番号14から10の交代ボードを準備していた。それを見つけた自分の目を疑った。

「ピッチから出て行きたくなかった。伸二さんにもいいパスを出せていたし、そこからシュートまでの形もつくれていたのに、何で?」

1点をリードしていたが、攻撃は単発気味になり、何度かカウンターから決定機をつくられてしまっていた。山本はボールの落ち着きどころを増やすために松井の投入を決断した。

タッチラインの外に出ると、自らの顔を両手で覆った。次の瞬間、開けてはいけない扉が、バンッと開いた。目の前のペットボトルを蹴り上げ、ロッカールームでひとしきり涙を流した。頭の中は真っ白。絡まった心をほどけないまま、ベンチに腰を落とした。ナオのアテネ五輪は出場62分間で終わった。

山本は、大会を通じたナオの起用についてこう振り返った。

「予選突破を狙って初戦で勝ち点1以上を取りたかったが、そこを落としたことが大きかった。リードする局面があれば、選択肢はもっとあったと思う。結果的には3試合で終わってしまった。1次リーグのパラグアイ戦とイタリア戦で先制点を取ることができていれば、ナオを前線に置く効果は増したと思う。そういう展開に持ち込めなかった。結果的に見れば、宝の持ち腐れになったのかもしれない」

試合は、1―0で終わった。イタリアに引き分け、パラグアイに勝ったガーナに、日本は勝利を収めた。ナオは、なかなか腰を上げられないでいた。「みんなの前でどんな顔をすればいい。日本に帰ってこれから何を目指せばいい」。

茂庭は、放心状態のナオを横目に通り過ぎた。声を掛けることを躊躇った。

「悔しい思いをしたと思うし、それまでいろんな状況があった。本人にしてみれば、この試合は思い出づくりなのかって思っても仕方ない。あいつが一番泣いていたし、悔しがっていた。サッカー人生を懸けてきた中で、いろんなものが混ざって、あの涙になったんだと思う」

そんなナオに、小野が近寄ってきた。「交代しちゃったけど、オレは今日の試合で一番良かったと思ってるよ。A代表で待っているから、また一緒にやろうな」。そう声を掛けられ、また抑えが効かなくなった。嗚咽が喉を突き上げ、擦った目元と、すすった鼻が赤くにじんだ。

そのころ、スタンドにいた父親は腹を立てていた。二三夫は交代直後に息子がペットボトルを蹴飛ばし、ベンチにもなかなか戻ってこない姿を目の当たりにしていた。ベンチにドカッと座り、試合が終わっても応援してくれたサポーターの前にも現れない。

「会ったときに殴り飛ばしてやろうと思ってたんですよ。でもね……」

チームメートから遅れて、歩み寄ってくるナオを見つける。小野に寄り添われ、スタンドへと手を振る息子の姿に、二三夫も涙が止まらなくなった。

「あの姿を見て私も泣いてしまった。どうしようもなかった。大きくなってからは、あんな姿を親の私たちに見せたことがなかった。もちろんこれまで苦しいときもあったでしょう。でも、あの子はそういう素振りを見せないし、私たちに相談なんてしてこなかった。そんな直宏が泣いているのを見ていてつらかった」

どんな思いを抱えているかはわからない。ただ、父は幼いときに試合に負け、悔し涙を流す息子の姿を思い出した。どれだけ悔しかったかは、その姿で理解した。

３試合を終えた選手たちを集め、山本は最後の言葉を掛けた。

「お前たちの人生はこれからだ。高い目標に向かってチャレンジしてきたことは無駄にはならない。オレはこれからも応援し続けていく。それぞれの夢を追い掛けてくれ。これから日本代表が待っている。この経験を次に生かしてくれ」

選手たちは、それぞれミックスゾーンでの囲み取材を終えて移動のバスに乗り込んだ。ナオは座席に着くと、ヘッドフォンをはめた。そこから帰国までの記憶はおぼろげだった。

「あまり記憶がないんだよね。いろんなことを考えていたとは思うけど、実際に帰りの飛行機で具体的に何を考えていたかは思い出せない」


アテネ五輪から何年も経った後、山本はガーナ戦で交代した直後についてこんな言葉を残している。

「あの試合、ナオはそれまでのストレスをぶつけるぐらい、前半から飛ばしに飛ばしていた。だから気持ちは痛いほどわかる。若い選手にとって、（ロッカールームでの）そういったことはいくらでもある。ただ、悔しさというのは、全てが間違ってはいない。それをその後、どう生かしていくかが大切になる。そういうことは、後々に生きていく。諦めたら終わりだけど、諦めなかった選手には、きっとその先が待っている。人間誰もが歳をとるし、そういう意味では諦めない限り可能性は0じゃない。これだけは言える。たくさん失敗して気づいたことがあれば、それを次に生かしていけばいい。きっと失敗の量が多い方が成功の量も多くなる。失敗の量は必ず成功の量に正比例する。それは間違いない」

ボロスで見上げることができなかった夜空にも、旅路を示す北極星は光り輝いていた。自らをアップデートし続けるエネルギーの一つが、アテネ五輪での悔しさとなった。ただし、それだけでは、いつかは枯渇してしまっていただろう。やり遂げたり、成し遂げたりしたことをいかに忘れられるか――。栄光にすがりつき、挑戦することをやめれば、そこで立ち行かなくなってしまう。

悔しさや、失敗を次に生かせるか――。その身に起こる全てが必ず伏線となり、つながっていく。そのことを彼は身をもって知る。情けないと感じた瞬間が実はチャンスだ、と。そして、僕は石川直宏から教わる。誰の上にも、どんなときでも、北極星は変わらず夜空に瞬いている。

第

6

章

©F.C.TOKYO

2004.8-
2005.10

手術

こんなにいい天気の一日が始まるのに

初戴冠、海外からのオファー、そして……

心に染み入る景色がある。国立霞ケ丘陸上競技場のスタンドから見上げた、秋空にじんわりと広がった暖色。それを目の当たりにしたとき、「いいな、これ」と奮える体にスーッと喜びと共に溶け込んできた。

「もう一度、これを見てみたい」

ナオは、あの日のことを今でもそう口にする。だが、沸き立つ喜びの中に、アンビバレントな感情が顔を出す。

「それでもアテネでの悔しさは晴れることはなかった」

巻き戻すことのできない時間に抗うことなく、アテネでの記憶は片隅へと追いやろうとした。「日本に帰ってからは、もう次だと思って、考えないようにしていた」。普段の生活に戻り、いつものように小平グラウンドへと通った。

「何かあんまり記憶がないいんだよね。いろんなことを考えていたと思うけど、実際、帰国便の中でどうだったとか、具体的に何を考えていたとか思い出せない」

帰国してすぐの練習試合で負傷し、検査のために埼玉県内の病院を訪れた。その移動の車中、同行した山岸は、「アテネはどうだった?」と声を掛けた。だが、気のない返事が続くばかりで、徐々に呼び掛けにも応じなくなる。信号待ちで隣を向くと、ナオは深くシートに身を寄せて目をつむっていた。

「話をしている最中に助手席で眠っていました。よっぽど疲れが溜まっていたんだと思います。でも、それ以上に自分の気持ちを悟られないようにしていたかもしれないですね。それほど長い会話は続きませんでした」

アテネ五輪代表を欠く中で、FC東京はナビスコカップで快進撃を続けていた。代表組だけでなく、負傷離脱の選手も多かったが、代わりに出た若手が活躍。ナオがけがでチームを抜けている間に行われた準々決勝でガンバ大阪を破って初の決勝進出まであと一歩のところまで迫っていた。そのゲームは、本来なら10月9日に行われるはずだった。だが、台風の影響で順延となり、4日後に開催されたことがナオには幸いした。

「そのとき、唯一のモチベーションが、ナビスコで勝ち進んでいることだった。アテネのことはしばらく切り替えられそうもなかった。でも、このままでは前に進めないと思っていた矢先に大学生との練習試合で負傷してしまった。本来なら間に合わない予定だったけど、延期になったおかげで間に合った。ここでやってやろうと思った。アテネでの悔しさを晴らすことは難しいけど、自分のプレーを出せた試合だったと思う」

復帰戦となった東京ヴェルディとの準決勝は、記憶に残るシーソーゲームとなった。ナオはこの一戦に先発出場すると、74分間プレーして2アシストを記録。そしてFC東京は延長戦までもつれ込んだ死闘をルーカスの3点目となるVゴールで制し、決勝進出を決めた。初のタイトル獲得を懸けた決勝の相手は浦和レッズ、舞台は国立。「沈んでなんていられない」。想像しただけで体に熱が広がっていった。

「あの日は、本当にいい天気だった」

11月3日、前泊したホテルからバスで試合会場へと向かう。その車中で「すげぇな」と誰かが叫んだ。スタジアムへ向かう途中、多くの青と赤が目に飛び込んできた。それを合図に堰を切ったように、次々と感嘆の声が沸き起こり、車内は一気に盛り上がった。

実際に、スタジアムの中に入ると、それ以上に驚いた。集まった観客は53236人。真っ青な空の下、そこには浦和の赤で埋め尽くされた観客席が広がる。「レッズサポーターが多いこと、多いこと」。圧倒されたが、逆の感情が芽生えた。

「やばいな、これ。この中で勝ったら気持ちいいんだろうな」

それまでタイトルとは縁遠かった。クラブとしても、個人としても初の日本一を懸けた一戦だった。入場を控えたバックヤードで永井雄一郎がナオを見つけると、声を掛けてきた。

「ちょっと表情が堅いんじゃないの？」

「そんなことないですよ」

そう口にはしたが、内心ではドンドンと心臓が脈打っていた。

「逆に、永井さんにそう言われたことで、『レッズはこういう場に慣れてるから余裕だ』と思われているのがすごくいやだった。余計に負けたくないとスイッチが入った」

初タイトル獲得のドラマは、前半29分の退場劇から始まった。開始からサイド攻撃を軸に好機をつかんでいた東京だったが、センターバックのジャーンが前半で2枚目の警告を受け、ピッチを去ることになってしまう。監督の原は、三浦文丈を下げて藤山竜仁を投入する。いきなりチームは守備の要と、精神的な支柱を失う。

目の前で涙を流して主審に懇願するジャーンの姿に、ナオら選手たちはいてもたってもいられなくなった。一方で、潔くピッチを去っていく三浦の無念さを背負った選手もいた。だが、絶望的な状況は変わらない。

ここから数的不利を埋めるために選手全員で泥くさく戦い、走れる限り走った。浦和の猛攻を水際で防ぎ、数少ないチャンスからゴールの可能性を探った。

前半をスコアレスで凌いだが、後半に入っても浦和の勢いは増すばかりだった。原は両サイドの攻撃的なポジションの2人にアップダウンを繰り返すように指示。さらに、「できるだけ高い位置でスローインを取り、ファウルをもらうことを徹底しよう。中途半端なプレーではなく、仕掛けるときはやりきろう」と、求めた。

右のナオと左の戸田は、普段のゲームの2倍近い強度のスプリントを重ねた。長い距離のダッシュを繰り返す度に、2人の表情はゆがみ、吐き出す息も荒くなっていった。

「そこで『戸田さん事件』が起こるんだよね」

後半も20分を過ぎようとしていた。プレーが途切れた合間に、ナオが戸田に声を掛けた。「オレ、足がつってもう無理だからベンチに言ってよ」。それに、戸田は「分かった」と手を挙げて応えた。だが、戸田も自分の限界が近いことを悟っていた。

「実は僕も後半早々に足をつっていた。僕がベンチのサイドにいたから、本当なら原さんに伝えなきゃいけないんですけど……」

戸田が「どうしようかな」と考えを巡らせている間に、逆サイドのナオはヤキモキしていた。両足は何度も痛みに襲われた。後半終了が近づく中で、ようやく交代の準備が整うのが見えて安堵した。「ようやく交代か。よく頑張ったな」と自分に言い聞かせた。ボールがラインを割り、ベンチに向かって走り出そうとした矢先、交代ボードには自分の『18』ではなく、戸田の『13』が表示された。「初めは18と13を4審が間違ったのだと思った」。だが、戸田は、迷わずタッチラインへと向かって駆けていく。そのまま馬場憂太が交代でピッチへと入ってきた。

「エーッどういうこと？ もう何が起こったのか分からなかった」

頭の上には、いくつも「？」が浮かんだ。その答えを戸田が笑って解説する。

「結論から先に言うと、原さんにはナオの話を言わなかったんです。オレよりもナオのほうが走れるだろうし、ナオがピッチに残ったほうが相手もいやだろうと僕が自分で判断したんです。だから自分の足がパンパンになるまで走って、原さんに『オレ、もう無理です』って交代したんです。ナオはきっと向こうサイドから見ていて何が起きているのか理解できなかったと思うよ」

ベンチの原も「オレもやばいなと思ったんだよ。どっちも足をつっていたみたいだから、どちらの方が我慢できるかな」と、2人の様子をずっと見守っていた。残された交代枠をどう使うか。その難しい判断に迫られていた。原は自らの決断をこう述懐した。

「ケリーの出来が良くなかったから、早めに（梶山）陽平に代えちゃったんだよね。戸田が自分からダメだと言ったときは、もうあいつは限界なんだよ。ナオのほうが、ときどき休みながらプレーしていたからナオはまだやれるかなって思ったんだよね」

そう口にし、「代えてしまった後は、もうどうしようもないよな」と笑った。そのままナオは、延長も含めた120分間をピッチで戦った。誰かが少しでもサボっていたら、浦和の猛攻をはね返すことなどできなかっただろう。試合終了の笛が鳴った瞬間、全身から力が抜け落ちた。膝が笑い、立っているのがやっとだった。ほとんどの選手と同じように、その場に倒れ込んだ。

延長戦を終えて、ＰＫ戦へと突入する。原は「誰か蹴りたいやつはいるか？」と、選手の顔を見渡す。目が合ったが、首を横に振って他の選手に譲った。

「両足がつっていたからとても蹴れる状態じゃなかった。助走して蹴る瞬間、足がピキッてなってコロコロなんて前代未聞だからね」

チームメートと肩を組み、ＰＫ戦を見守った。先攻の東京はルーカス、馬場、今野泰幸と３人目まで確実に成功させる。対する浦和は３人目の田中達也が放ったシュートがバーを直撃する。東京も続く梶山が失敗するが、土肥洋一が浦和４人目の山田暢久のシュートを残った足で止める。何度も絶叫する守護神を、誇らしく称えた。

「後ろの選手たちが必死に浦和の攻撃を止めてくれた。周りが頑張っている姿を見てオレも頑張ろうと思えた。あのときのチームはそういうチームだった。だから負ける気がしなかった。ＰＫに入ったときは、もう勝利を疑わなかった」

最後のキッカーに自ら名乗りを挙げた加地亮が長い助走からゴール右下に蹴り込む。その瞬間、選手、スタッフがピッチになだれ込むように駆け込んだ。

「足がつっていたけど、ダッシュだった。でも、みんなバラバラなの。カジ君はどこか違うところに走っていくし、オレやモニは土肥さんのところに行った。バラバラなんだけど、スタッフもみんな泣いて喜んでいた。でも最高だった」

歓喜の抱擁が繰り返される中、戸田が駆け寄ってきて隣で笑っていた。ナオは「戸田さん、どういうことですか?」と言ったが、「しょうがないじゃん。勝ったからOKでしょ」と繰り返した。ナオも戸田の笑顔につられて笑うしかなかった。

そして、国立のメインスタンドへと登壇する。階段を一歩ずつ上がる度に、足に痛みが広がる。ただ、それさえも心地良かった。メダルを受け取り、振り返ると、そこにはあかね色に焼けた空が広がった。首から提げたメダルが誇らしげに揺れる。疲れも吹き飛ぶほど、幸福感に満ちた時間だった。

「あの光景は一生忘れられない。あそこに登ってあの空を見て、もう一度優勝したいと思った。何度だって味わいたいよ」

ただし、昼と夜の狭間に見せる瞬間を切り取った、その光景はどこか儚くも映った。アテネから帰国後は、「何も考えられなかった」というのが本音だ。

「あのときチームがいい状態で迎えてくれなかったらどうなったのか。今でも考える。実際、怖いよ。もしあの試合もなくて目標を見失っていたらどうなったのだろう」

少し想像して、怖くなった。だが、全てが晴れたわけではない。

「アテネでの悔しさは晴れることはない。そればかりにこだわっていても仕方がないのは分かっている。だけど……」

小野伸二が言い放った、「A代表で待ってるぞ」。その言葉が胸の奥に引っ掛かったまま離れない。だが、ナオのサッカー人生は、黄昏時から夜へと心象風景も姿を変えていく。日の丸を背負った戦いからは、徐々に遠ざかっていくことになる。

「タイトルを取って、いろんな欲も出てきた。もっと勝ちたいし、あの日の思いをもっと味わってみたいと思うようになった。でも、実際には、そうはならなかった」

人生を懸けたオリンピックイヤーは、消化不良に終わった。その1年を振り返り、思うところもあった。

「その年は天皇杯で2得点できたけど、その年のリーグでは結局無得点だった。チームに貢献できていないんじゃないかという思いもありつつ、このままだとダメだと思った」

このときナオは、心のどこかで次のステップアップを意識し始めていた。

「2004年は、いろいろ消化不良になったのは、ある意味、それが自分の実力でもあったからだと思う。ただ、どこかで分かっていてもやりきれなかった、納得はできなかった。代表への思いというのが残っていた。自分の中では認めたくない。だから、2005年はそういう経験を糧にしてA代表を目指していきたいと思っていた」

そのためにも、所属するFC東京で結果を残さなければいけない。プロ入りから常に世代別代表との掛け持ちが続いてきただけに、一区切りとして「まずは東京で」という思いを新たにして新年を迎えた。

前年にカップ戦の王者となり、周囲の期待も高まっていた。この年のJ1リーグ開幕戦はアルビレックス新潟を相手に4―0と快勝。ナオも3得点に絡み、華々しい幕開けを飾ると、負けなしで迎えた第5節名古屋グランパス戦で0―1の初黒星を喫してしまう。すると、そこから自身も、チームも下降線を辿る。約3カ月間、一度も勝利を挙げられない長いトンネルへと迷い込んでしまう。

「何をやってもうまくいかなかった。チームも元気がなかったし、本当にしんどかった。うーん……何でなんだろう。歯止めが効かない東京の脆さが露わになってしまった」

勝ち方を忘れたように、泥沼へと足を突っ込んでいく。選手も手をこまねいていたわけじゃない。一人ひとりが行動を起こした。『胸のエンブレムの誇りにかけて』と題した決意書には、選手全員の署名と共にこの文言が並んだ。

『ファンのみなさまへ 最後まであきらめない! 絶対に勝つ! 選手一丸となって戦う! 我々は負けない、なぜならば一人ではないから。暗闇を恐れない嵐の先には輝く空がある』

それをファン、サポーターに配り、今野と栗澤僚一は頭にバリカンを入れて、気合いの坊主頭になった。

「オレもいろいろ悩んだ。プレーでチームを引っ張るのか、バランスを考えるべきなのか。そういう葛藤があった。だけど、自分のプレーもできていなかった。あのときは、そういう状況で試行錯誤が続いた」

タッチライン際を定位置に縦へと仕掛けるドリブラー。このころには、それが誰もがイメージする石川直宏という選手像となっていた。プレーの選択肢が決して多いタイプではなかったが、勢いに乗ったときのドリブルは分かっていても止められないほど、キレ味が鋭かった。当然、相手チームも黙ってはいない。手がつけられなくなる前に、スピードを封じて対策を講じるようになる。それに対して動き出しのタイミングを変えたり、周りを使ってワンツーを試みたりと、状況を何とか打破しようとした。だが、思うようなプレーを見せられない。その葛藤から抜け出せずにいた。

その最中、FC東京は6月7日にイタリア・セリエAの名門ユベントスと親善試合を戦った。アテネ五輪以来となる世界レベルの選手たちを前に、胸が躍った。結果は1―4の完敗だった。

「自分のスピードは通用するとあらためて分かったし、世界との戦いは刺激になった。戦わないと忘れてしまいがちだけど、これを無駄にしないようにしたい」

一方で、「何なんだ、この差は」と、危機感が募った。

「同じサッカー選手として見られていない印象を受けた。せっかくオリンピックで感じたことも薄れてきている。代表で海外の選手と戦う環境に身を置けないのなら、自分からそこに飛び込んでいかなければいけないのかもしれない」

チームは、その後、ようやく7月13日のJ1リーグ第16節清水エスパルス戦で勝利し、続く同17節横浜F・マリノス戦では連勝を飾った。ただ、そこから再び勝ち星から見放される。その後の5試合で勝利がなく、ナオも第19節浦和レッズ戦で、移籍後初めてケガ以外でスタメン落ちを経験する。コンディションは悪くはない。ただ、プレーに少し迷いが生じていた。浮かない表情のナオに、コーチの長澤はこう助言した。

「心の持ちようや、置き場所によってプレーが左右されることは誰にでも起きうること。だけど、自分の心の扉を開くのは自分にしかできないことだよ」

気づけば、自分が自分を苦しめていたのだ。このとき課題にしていたのは、攻守のポジショニングだったが、長澤の言葉からそれ以上に大切なことがあると知った。

「心の置き場所でも、ポジショニングができる選手になっていこう。しばらくの間はそこに重点を置かないといけない」

自らへの期待や、監督からの要求に柔軟に応える選手になるために、悔しい気持ちや、いら立ちを次のプレーの力にしなければいけないと学んだ。

試行錯誤が続く中で、ユベントス戦以来、どこか物足りなさを感じ始めていた。プロのキャリアをスタートさせてから、いつも世代別の代表活動が傍らにあった。忙しい生活が日常化していたときは分からなかったが、それがなくなって初めて気づいたことだった。

はじめはチームの活動に集中できると思っていた。だが、何かが足りない。2つのチームを行き来する刺激や、環境の変化、新たな発見といったところだったのかもしれない。

「いろんな環境の中で、プレーできていたからなのかもしれない。このままだと、A代表に入っていく姿が思い描けない」

チームで結果を残すことが最善だと分かっていても、足りない刺激を欲している自分に気づいてしまった。いつしか、「それを求めるには、このチームを出て行くということになるかもしれない」と考えるようになった。この年の春から密かにスペイン語を習い始めていた。ドイツW杯後の海外移籍を目指すためだったが、前倒しして今すぐに海外へと飛び出すべきかを自問自答するようになった。「オレはこのまま（世界と）離されていくのかも」と、悩んでいた矢先だった。夏の移籍市場が開かれると、代理人から「ナオに興味を持つチームがイタリアにある」という話を耳にした。

新聞報道でも海外移籍が取り沙汰され、にわかに周囲が騒がしくなっていく。そして、移籍期限が閉じる3日前に、来季からイタリア・セリエAに昇格を決めたトレビゾから正式な獲得オファーのレターが届いた。

「そのチームのことは知らなかった。イタリアのサッカーも詳しくはない。でも、そんなことはどうでも良かった。今の環境はいいけど、このままでは良くないと思っていた。刺激がほしいというのもあったし、とにかく飛び出したいという気持ちになった」

決断までの猶予はわずかだった。オファーが届いた日のうちに強化部長の鈴木徳彦と、代理人が連絡を取り合って、食事をしながら3者での話し合いが持たれた。

「オレは行きたかったから、その気持ちを正直にトクさん（鈴木）に伝えた」

最終的には翌日に、椿原正浩社長との話し合いを経て結論を出すことになった。自らの意思は固まっていたが、寝つきが悪かった。選手、スタッフ、サポーターの顔も頭に浮かび、今のチーム状況で自分が出て行った後のことも考えてしまう。気づくと、翌朝だった。

大忙しの一日が始まった。パスポートを用意し、少量の着替えを荷物に詰め込んでスーツ姿に着替えた。自宅を飛び出て、練習場へと向かう。到着したクラブハウスには、まだほとんど選手はいなかった。階段を上がり、社長室のドアをノックする。椿原と、鈴木が並ぶ前に、代理人事務所の関係者と共に腰を下ろした。

そこで、クラブは移籍拒否の姿勢を改めて示し、椿原からは「今のこの状況で、ナオに抜けられると苦しい」と言われた。「自分が抜けたらチームはどうなるのか」は、昨晩から考えていた。同時に、「今の自分が、それだけの結果を残せているのかと言えば、そうじゃなかったと思う。

オレがいる、いないで大きく変わるのか」とも思った。

「行き詰まっている今、ここから抜け出したい……」

自分の意思を伝える番だ。想定問答は頭の中にもあった。だが、次にナオが発した言葉で、隣にいた代理人事務所関係者は目を丸くする。

「オレ、東京に残ります」

クラブ幹部はその返事に安堵した。その日に囲み取材を受けたナオは、報道陣の質問にこう答えている。

「（納得するのは）難しいと思うけど、やるしかない。今日も練習があったし、試合もある。評価をいただいた誇りと自信を持って明日から練習したい。（今後は）常に高いレベルを目指しながら、プレーしていきたい。また次の機会に、オファーをいただけるような活躍をしたい」

また、鈴木も「われわれは今後一切、海外移籍はダメとは言っていない。また戻ってきて、うちで活躍してくれたらプラスという認識もある」と、次の移籍市場が開かれる翌年1月以降の海外挑戦に含みを持たせる発言をしている。

当時の言葉にうそはなかったが、飲み込んだ本音があった。数年後、その真相をこう告白した。

代理人や周囲からは、この決断は「ナオの優しさが出てしまった」と言われた。「もちろん東京のことは好きだけど、それは違う」と首を横に振った。

「いま考えたら勇気がなかったんだと思う。あのとき周りには、自分が東京をもっと上位に引き上げなければいけない責任があると言った。だけど、本音を言うと、たぶんオレ、勇気がなかった。どれだけ説得されても、それを振り切ってでも『自分は行きます』と言える強い気持ちがなかった。決め手になる、海外でやれるという自信や確証を持てなかったし、それがほしかった」

その日のうちに、監督の原とも顔を合わせた。「またチャンスはあるよ。イタリアなんてやめとけ。お前のようなタイプの選手がいくところじゃないよ」。その言葉に、ナオは救われた気がした。

ただし、原もこの日のことを後に、「最終的に決めるのは本人だからね」と前置きをした上で、こう述懐している。

「あのときは、確かにチームの成績が良くなくてナオを抜かれちゃうのは痛かった。だけど、オレは『ここで出て行くなんてふざけんなよ』なんて思ったことはないよ。イタリアで下位のチームだと、守備重視になるかもしれない。それでも行きたいと聞いていたから、それなら仕方がないと思っていた。それで残りますって言うからビックリしたよ。もしも、あそこで移籍していたらどうなったかなんて分からない。チャンスはうまく回ってくるわけじゃないし、最後は本人じゃないの？　周りに勧められて行ったけど、ダメだったから周りのせいになんてできないじゃない。自分で行きたいと言えば、責任を持って戦うだろうしね。だから、行かないってあいさつされたときはそうなんだって。残ってくれてうれしかったよ。でも、行くと決めたのなら、それはそれで応援したと思うよ」

この言葉には、どこかで海外挑戦してほしいという気持ちもあったのだろう。原は大好きなワインを傾けると、「あいつみたいなタイプがヨーロッパでプレーする姿をオレは見たいんだよ。ナオが走るだけでスタジアムがワーって沸くだろ。そんな選手はなかなかいないよ」といつも熱っぽく語っていた。

そして、ナオが「サッカー界の父」という原と深いところでつながっていることも、この2人の本音で理解できた。

なぜなら何度か聞いたことがあるからだ。「あそこで移籍していたらって考えたことない」と。すると、毎回同じ調子で同じ答えが返ってくる。「あのときは（海外に）行くタイミングじゃなかった。それに、自分が決めた時点でもし向こうに行っていたらとは考えなくなったから」と。

残留を決め、「もっと自信を持てるようにしたい。もう一度（海外のクラブから）声を掛けてもらえるような活躍をチームや、A代表でしたい」と気持ちを切り替えた。決断から数週間後、あの大けがが待っていた。ふとした瞬間、この負傷を「オレの運命だったのかな」と言ったことがあった。

9月17日のJ1リーグ第24節は、横浜F・マリノスの本拠地・日産スタジアムへと乗り込んだ。当日の観客席にはサッカーを始めた横須賀シーガルズの子どもたちや、地元の友人も数多く駆け付けていた。ただ、左足の付け根に違和感を覚えていたため、この日は先発出場を回避してベンチスタートだった。それでも「出場したら何かやってやろう」と、気持ちは前のめりになっていた。0―0で迎えた後半32分に声が掛かる。古巣との一戦で、勝負所での投入。ベンチで戦況を見守りながら、ウズウズしていた。自らの手で勝利をつかみ取る姿を後輩や仲間に見せたかった。

「やってやる」と、ピッチに放たれた瞬間からフルパワーで飛ばした。

スタジアム全体にアディショナルタイムがアナウンスされた直後だった。右サイドからクロスを上げたが、それが中澤佑二に当たってこぼれる。すぐに体勢を整えて、それを拾いに行くつもりだった。上半身と気持ちはボールに向かったが、肝心の足元がついてこない。芝生を足に取られ、聞いたことがない『ゴリッ』という鈍い音が体の中で響いた。

「痛いじゃなくて、ヤバイと思った」と言い、「この辺にドクロマークが浮かんだ」と、頭の上で右手をグルグルと回す。

「目の前が真っ暗。そのとき、ああ今年は終わったと覚悟した。また半月板なのか。これは手術だ、絶対」

そのまま立ち上がることができず、倒れたままユニホームを握り締めて体を揺らした。ナオの異変に気がついた、ドクターやトレーナーがベンチから慌てて駆けつけた。ボールがラインを割ると、担架で運び出され、トレーナーの山岸がロッカールームまで付き添った。まずは、シャワーを浴びるように指示を受けた。そこで曲げていた右足を下ろすと、膝から下が血の流れでドクドクと脈を打つのが分かった。それと同時に、痛みと不安も増していく。だが、シャワーを浴び終えて一人その場で待っていたが、なかなか誰も帰ってこない。

「どうしたのかな、試合はもう終わっているはずだし、とっくに戻ってきてもおかしくないのに」

そこに、ようやくチームメートが暗い顔して入ってくると、誰かが「ルーコン（ルーカスの愛称）が救急車で運ばれた」と言った。ナオが負傷退場した直後、クリアボールを巡ってルーカスとジャーンが味方同士で交錯。ルーカスは一度起き上がってプレーしたが、その場に倒れ込んでしまう。試合はそこから20分間中断。ピッチ側まで入ってきた救急車に乗せられると、そのまま病院に搬送された。それを目の当たりにした選手たちは動揺を隠せなかった。

チームメートがクールダウンをしている間、処置室でアイシングし、膝をテーピングで固定した。このとき、自分のケガの程度は分からなかった。

「前十字（靱帯）を痛めたとは全く思っていなかった」

山岸が触診による評価テストを試みた。口にはしなかったが、「明らかに右膝が緩かった」と分かった。恐る恐るナオが、山岸に声を掛けた。

「ギシさん、どうなの？」

いつもと違う弱々しい声に、「半月板は痛めているだろうね、内側（の靭帯）もきっと伸びている」とだけ答えた。

山岸が車を運転してナオを自宅へと送り届けた。車内では質問攻めにあった。「大丈夫ですよね」と何度も聞かれたが、「明日詳しく診てもらおう」とだけしか言えなかった。

「表情も、すごく不安そうでした。だから過度に刺激することは避けて、明日ＭＲＩを撮影してみないと、ハッキリしたことは分からないとだけ言いました。僕の見立てが外れていてほしい……もうそれしか考えなかったですね」

自宅に帰ると、この日の試合中継を録画していたことを思い出した。徐々に痛みも引いてきて、「これ大丈夫なんじゃないの」と、希望も沸いてきていた。電源を入れたテレビの前に座り、負傷した場面を見返した。そのシーンで、言葉を失った。

「思っていたのと全然違う体勢だった。こんなの足を着いても無理だよ」

確かに、そこに映っているのは自分のはずなのに、人ごとのように思った。

山岸も家に着くと、細かい処置の方法をナオに電話で伝えた。山岸は電話口から聞こえてくる声が上擦っていることに気づいた。

「痛いのか？」

「ちょっと……腫れてきています」

「まずは冷やして明日、病院に行こうな」

ナオは不安な夜を過ごした。痛みは引いたが、どんどん腫れ上がっていく右足が気味悪く思えた。

翌日、埼玉県内の病院でMRI検査を行った。当時はレントゲン技師からフィルムを受け取り、それを担当医のところに持っていく。はやく結果が知りたかった山岸はフィルムを受け取ると、光にかざして写真を注意深く見た。それをナオも不安そうにのぞき込んだ。

すぐに分かった。あるはずの黒い帯状の前十字靱帯がとぐろを巻いて途絶えていた。隣のナオに何と言えばいいのか迷った。自分の見立て通りで間違いなかったが、自分の口から伝えることは避けた。

「先生と一緒にチェックしてみよう」

うまく繕うことができたかは分からなかったが、掛ける言葉はそれ以外に見つからなかった。

ナオは山岸の表情が曇る瞬間を見逃さなかった。

「先生に診てもらうよりも前に、そのギシさんの表情で終わったと思った。それで分かった。もうダメだなって」

診察室で画像を見た、ドクターの大塚一寛も顔色が変わった。触診に移り、左膝に感じたガツンガツンという手応えが右膝にはなかった。

「その空気に耐えられなかった。普通だったら少し間を空けてから先生の話を聞くんだけど、触診中に聞いたからね、『（痛めたのは）やっぱり前十字ですか』って」

ナオがＦＣ東京へと移籍した年に、先輩の三浦文丈が左膝前十字靭帯断裂の大けがを負い、そのリハビリに苦しむ姿を目の当たりにしていた。

ナオの恐怖心をその場にいた２人も感じ取っていた。前十字靭帯の断裂と診断された時点で、診察室から飛び出て泣き崩れる選手もいた。そういう選手の姿を、大塚と山岸は何度も見てきた。大塚は結論を急がず、慎重に言葉を選んで自らの見解を伝えた。

「ＭＲＩの画像診断率は80％から85％ぐらい。もしかすれば、撮影する角度が悪かった可能性もある。やはり関節鏡視下検査をしてみないと、１００％のことは言い切れない。だけど、おそらくは前十字（靭帯）が切れている可能性はある」

隣の山岸に視線を移すと、口を一文字に結んで大塚の話に頷いていた。ナオは、大塚の言葉を努めて冷静に聞いているつもりだったが、頭の中は酷く混乱していた。このまま以前のように、サッカーができなくなるかもしれない。最悪の事態ばかりが、頭に浮かんだ。

「前十字を負傷すると、長くサッカーができなくなると聞いていた。だから現役中は絶対にこのケガだけはしたくないと思ってきた。だから、まさか自分がと思ったよ。そこで気持ちは一気に落ちたけど、もうやるしかないと思った」

これ以上最悪なことはない。受け入れるのは容易ではなかったが、選択肢はほかにない。「調子がいいときにけがをするよりはマシだと思うようにして、どうやって這い上がっていくかを考えるようにした」。

その場で手術までのスケジュールを説明された。まず腫れが収まり、膝を曲げられる状態になるまでは経過観察と、リハビリが続く。約数週間後に手術を行い、おおよその全治期間も伝えられた。

その後、手術は10月6日に決まった。両親の25回目の結婚記念日で、父親の誕生日だった。「申し訳ない気持ちと、そんな日に手術を受けるなら絶対に良くなるはず」と、自分に言い聞かせた。

全身麻酔がかけられると、まぶたが重くなって深い眠りへと落ちていった。目が覚めたとき、何かが変わっているのかもしれない。自分がボールを蹴る姿は想像すらできなかったが、決意は固まっていた。

「怪我によって失ってしまうものもあると思うけど、それ以上に得るものだって多いし、大きいと思っている。そう信じて、これからを過ごしてピッチの上に再び立ちたい」

だから束の間の休息だと思い、リセットボタンを押した。

目が覚めたときは、病室のベッドの上だった。ボーッとして、頭がうまく働いてくれない。足はギプスで固定され、足や腰には何本も管が通って動くことはできなかった。同じ病院に入院していたチームメートの塩田仁史と、父親の話し声が聞こえてきた。ただ、気だるさが抜けきれず、そのまま目をつむって二度寝した。

その日の夜中だった。リズミカルに連なる濁音が響いてきた。「何かうるさいな、ああ、これで起きたのか」。音の方向に視線をやると、エキストラベッドで父親がいびきをかいて眠っていた。そのとき、ずっと付き添ってくれていたことを知った。

「手術中は母親よりも父親の方が落ち着かなかったらしい。予定よりも手術時間が長引いたらしくて、椅子に座っていられずに、病院の廊下をウロウロしてたって後から聞いた。母親はその日のうちに帰ったけど、親父は心配で泊まっていくってなったみたい」

朝起きて、父親に「一緒にいてくれるのはうれしいんだけど、ちょっといびきがうるさかったよ」と軽口をたたいた。「ごめん、ごめん」と平謝りする姿に、心の中では感謝した。

「遠いから来なくていいよ」と言っても、両親は入院中何度も病室を訪ねてきた。

訪問者は多かった。チームメートやスタッフ、世代別代表で一緒だった選手たちも病室のドアをノックした。「早く復帰して来いよ」という周りの声はうれしかったけど、それが重たく聞こえることもあった。3日周期ぐらいで、気持ちが落ち込んだ。ギプスは思ったよりもすぐに外れたが、腫れた足を見るのがいやで天井を見ている時間が長かった。

「地獄だよ、本当に」

膝周辺には腫れが残っていたが、分厚い筋肉で覆われた自慢の足は見る影もないぐらい細くなっていた。

術後から5日後、リハビリが始まる。上体を少し起こすだけでもフラフラした。松葉杖をついてリハビリルームまでの廊下を歩いたら、頭がぐらついて倒れこみそうになった。

「本当に、前みたいに走れるようになるのかな。オレからスピードを取ったら何が残るんだろう、何ができるんだろう。それよりも日常生活にも支障をきたすんじゃないのか、本当に不安だった」

病室からは、富士山がとてもきれいに見えた。「こんなにいい天気の一日が始まるのに、外に出られないなんて」。自分の足とは思えない足を見てため息が出た。病院では、やれることも限られていた。地味なトレーニングを黙々とこなす毎日だった。心が折れそうになったとき、それをつなぎとめてくれたのが、茂庭から贈られたナビスコカップ決勝のビデオだった。趣味の読書をするよりも、そのテープを繰り返しリピート再生して一人部屋で見ていた。

「あの日見た光景をもう一度見たい」

明けない夜などない、と。そう信じていた。

第
7
章

©F.C.TOKYO

2005.10-2007

長いトンネル

【頭の中は真っ白だった】

再び跳躍するためにあがいた日々

「忘れられることが怖かった」

いろんな話をした。軽口もたたいた。たくさんの原稿も書いた。その中で、もしかすると、一番印象に残っている言葉のひとつかもしれない。それが、この世界の厳しさを端的に表現したフレーズだったからだ。

その恐怖の存在を、24歳の彼は知った。Jリーガーの平均引退年齢は25歳前後。30歳を超えて、ピッチに立ち続けることができる選手はほんの一握りでしかない。アテネ五輪を機に、日本サッカー界の未来を担う一人として多くのメディアにも取り上げられた。だが、自分の露出が減る一方で、メディアは別の選手の活躍を伝える。プロ入りから突っ走ってきたが、この大けがによって立ち止まった。今まで当たり前にできたことさえもできない状態の自分に嫌気が差した。ピッチを離れ、以前のようにプレーできる保証はどこにもなかった。

「プレーをしている瞬間は、自分の存在を表現できる。でも、けがをして試合に出られない間に忘れられてしまうような、そんな気がして怖かった」

ため息を何度も飲み込む日々が過ぎていく。気持ちが塞ぎがちになりそうなとき、自分のいないスタジアムで毎試合、ホームでもアウェーでも観客席に掲げられる横断幕に元気をもらった。

『俺達はナオを待っている』

そのメッセージに、何度救われただろうか――。

入院から約3週間が経ち、退院の日を迎える。その後、国立スポーツ科学センター(JISS)に場所を移して泊まり込みでのリハビリが続いた。毎朝9時半スタートで昼休憩を挟み、14時半から午後のメニューが始まる。そして、毎日18時ごろまで、それが続く。そのルーティンで、あっという間に1日が終わる。体幹周りから臀部周辺、患部周辺の筋力を取り戻し、同時にバランス感覚も養う。怪我を防ぐことの出来る体づくりを意識して、一つひとつのメニューをしっかりとこなした。それまで以上に、自分の体の状態を知る機会となった。

週末のホームゲームは、現地で観戦した。その度に、体がうずいた。サッカーの夢も、よく見たという。この年のチームはシーズン終盤に掛けて調子を取り戻し、9月10日の清水エスパルス戦から12戦負けなしでリーグ戦を終えた。だが、そのJ1最終節セレッソ大阪戦の翌日に、クラブは原博実監督と来季の契約を更新しないことを発表した。

「このチームに来られたのも、より成長できたのも原さんのおかげだった。やっぱり別れは辛いし、もっと長い間一緒にサッカーがしたかった。しかも、最後は一緒にグラウンドに立つことができなくてさびしかった」

別れを惜しむと、「また呼んでやるぞ」と優しい笑顔を浮かべ、「お前のおかげで長い間ここでサッカーができたし、オレ自身も成長できたからな」と言われた。その言葉が染みた。いつだって難しいことは何も言わなかった。いつも「笑顔で楽しく、お前らしくサイドで何度失敗しようがこだわって勝負しつづけろ」と背中を押してくれた。自分らしくプレーできる環境をつくってくれた3年半という年月は、濃密だった。右サイドからカットインして左足のシュート、その練習にも付き合ってくれた。

「そんな関係の中でプレーできて、本当に幸せだった」

この別れが、復活を誓う新たな原動力の一つになった。「今オレができるのはけがをしっかり治して、またピッチの上で楽しくプレーしている姿を原さんに見てもらうことだと思った。自分らしく笑顔でプレーする姿を」。

年明けから小平グラウンドを走る予定だった。だが、どうしても自分の膝が良くなっているとは思えなかった。新年を迎えた小平グラウンドには、冴えない表情のナオがいた。そこで久しぶりに再会したトレーナーの山岸は「ちょっと」と、違和感を口にするナオの腫れた膝を見てある覚悟をしていた。

「再会したナオの膝は、年明けから予定していたトレーニングができる状態ではなかった。よしいけるぞという兆しも見えなかった。どこかのタイミングで決断しなければいけない時期が来るかもしれない。その瞬間から僕も不安に駆られた」

膝が腫れている理由は分からなかった。チーム始動から数日後に1次キャンプとして予定されていた石垣島キャンプへの参加辞退も考えなければいけないほど、状態は芳しくなかった。

「何で？　全然、良くならないじゃないか」

ナオも、山岸も不安を抱えながらも沖縄へと移動し、キャンプが始まる。膝に負担を掛けないように、リハビリはプールでのトレーニングへと切り替えた。その合宿初日の午前中のリハビリが終わると、右膝の周りが極端に腫れた。急いで膝に溜まった関節の水を抜くと、その中に軟骨片が混じっていることが確認された。

沖縄から戻ってくると、山岸とドクターの大塚が話し合い、再び内視鏡を膝に入れて確認したほうがいいという結論に至った。このとき、山岸の頭によぎった一抹の不安は現実のものとなった。

「ナオ、もう一度、決断しなければならない」

鹿児島県・指宿での2次キャンプ後の再手術が決まる。同じけがをした選手からは、術後のリハビリや、おおよそのスケジュールも聞いていた。だからこそ、本来は必要ない手術だと分かっていた。自分だけに起きたことに、戸惑いを隠せなかった。

「何で？　オレ、何か悪いことした？」

山岸も、そのときのことを覚えている。

「こういうケースでは普通の選手なら、『これは誰の責任なんだよ』と追求したいはずなんです。そういうことも起こりうるケースでした」

だが、ナオは違っていた。噴き出る思いを収め、「スッキリしない気持ちや、今の状況をこれで終わりにできる」と、素直に受け入れた。

誰かにぶちまけるでもなく、黙々と手術までのリハビリメニューをこなした。「キツイ、辛い、しんどい」。それを周りに口にすることはなかった。だからこそ、日々を共にした、山岸は何も言わないナオを注視するようにした。

「言われたことを淡々とやるか、僕としては日々の変化を拾っていかなければいけない。だから、いつも彼のことをジッと見ていました。朝、トレーニングルームに入ってきた瞬間から、まず彼の顔と膝を見て、それから会話をするようにしていました」

膝の状態が悪いと、言葉少なに、ゆっくりとトレーニングルームのドアを開けて入ってきた。靴を脱ぐときも、より慎重になった。コンディションが良ければ、周りを見渡しながら明るい声と一緒にドアが開いた。「本当に日によって違った。今日は調子がいいんだ、悪いんだと、手に取るように分かった」。それほど一挙手一投足に気を配り、少しでも前を向けるように声を掛けたり、盛り立てたりした。

チームはクラブ初となる外国籍監督となったガーロ監督を招聘し、開幕に向けて喜々とした表情で新たなサッカーに取り組んでいた。その蚊帳の外で「指宿のキャンプはしんどかった」。先へと進むこともできず、むしろ後退する。トレーニングマッチも始まり、それぞれがコンディションも目に見えて良くなっていく中、「監督が代わってどんなサッカーをするんだろうとか、自分が入ってどうしよう」とは考えられなかった。

「復帰するときに考えればいい。そう思わないとやっていられなかった。焦りもあったかな。この戦術だからどうしようとかじゃない。とにかくサッカーがしたかった。それまで当たり前だった、全力で走って、全力でボールを蹴りたかった。もうそれだけしか思わなかった」

グラウンドに寝転がると、コーナーフラッグの側にポツンとボールが一個置いてあるのを見つける。それをチョンと前に蹴り出してドリブルする姿を頭の中で思い描いてみては、その度に気持ちを抑えた。「この繰り返しをいつになったらしなくて済むんだろう」。うまくごまかし、納得させる。そうすることしかできなかった。このときも、大切にしたのは、長澤から掛けられた言葉だった。

「期待と不安はコインの裏と表。不安を期待に変えるのは、体験し、自分と格闘した者にしか与えられない能力。精神的に強い人間なんていない。そう言われる人は物の捉え方が人とは違う。悪くしか見えなかった物が良き物に心の底から見えてくる」

頭を整理し、長澤の言葉をかみ砕いた。

2度目の手術は、2月21日に行われる。その日は偶然にも母親の誕生日だった。

「1度目は親父の誕生日と両親の結婚記念日で、今度は母親の誕生日。だから絶対に治ると思った。これでよくならないわけがない」

再び右膝に内視鏡を入れると、ナオを苦しめていた原因が判明した。繰り返し膝に水が溜まることで、2次的に滑膜と呼ばれる関節を包む膜が腫れを起こしていた。その処置として滑膜を切除し、膝の異物を取り除くクリーニングも同時に行われた。

術後の経過観察とリハビリを慎重に進め、10日後に退院の日を迎えた。それは2006年シーズン開幕の2日前だった。

ここからは、山岸との二人三脚のリハビリが始まる。それまでの4カ月とは異なり、手応えを感じることができた。それまでの行き詰まっていたところから抜け出せる感覚があった。荷重トレーニングで出た痛みが少し和らいだり、腫れが少し収まったり、そんな些細なことが喜びとなった。少しずつできるメニューも増えていった。

5月のゴールデンウィーク前後からは、リハビリの場所をピッチへと移した。山岸も自分のことのように、その変化を楽しんでいた。ボールを使うトレーニングも段階的に始まる。そんな折、ナオから「これから履くスパイクはどういうのがいいですか」と聞かれた。

山岸は「そうやって悩む姿が、すごく楽しそうだった」と言い、「そんなことができるようになったんですよ、やっと。そのときは僕もうれしかったですね」と目を細めた。

さらに、リハビリ中にナオは山岸にも、ベロのところに自らのサインを入れたスパイクをプレゼントした。「これを履いてグラウンドでもリハビリに付き合ってよ」。山岸は必ずそのスパイクを履いてリハビリに付き合った。

「いろんな選手からスパイクをもらうことはあるんですけど、あのスパイクを履くと思い出すんですよね。苦しむ姿よりも、5月以降の懸命に頑張って、頑張って戦うナオの姿を。僕の一生の宝物です」

だからこそ、本気でぶつかると決めていた。どんなに厳しいメニューを与えても、ナオもそれに食らいついてきた。

「僕のメニューを全てクリアしたのは彼だけですよ。トレーニングルームで嘔吐して、また次のメニューやりますよ、なんて言う選手はほかにいなかった」

トレーニングルームで酸欠状態になるまで追い込んでトイレに駆け込んだこともあった。その直後にグラウンドを走った。「もう足がパンパン。それでも山岸さんは走れって言うんだよ」。散々走った後、息も絶え絶えとなると、今度は山岸が蹴るボールを必死に追い掛けた。それを戻すと、また違う方向に蹴る。その無酸素状態の3分間を5セット続けた。

照明のない暗がりの小平グラウンドで、2つの影が対になって走る姿が日常となっていた。18時になると、どこからか音楽が流れ、それが終わりの合図だった。一日のメニューが全て終わると、2人ともその場に倒れこんだ。話す気力も沸いてこないほど、毎日が真剣だった。

「最初は苦しいのにだんだん楽になって、その後は無心。で、その後は怒りに変わる」

走り終わって倒れこむと、その場で「クソーッふざけんな」と、突然叫び始めた。その姿に、山岸もさすがに驚いた。恐る恐る「どうしたナオ」と声を掛けた。

「違うよ。山岸さんが嫌いで怒ってるわけじゃないから勘違いしないで」

「分かってるけどさ……」

啞然となって、言葉が続かない。

ナオはこのときのリハビリを「究極、もうギリギリだった。あれ以上のことはできない。マジでおかしくなるかと思った」と振り返る。山岸も苦笑いで「それぐらいのことを彼はやったんです。ただ、ちょっと怖かったかな」と述懐した。

その怒りのリハビリは、6月6日まで約1カ月間続いた。いよいよチームの練習に合流する。

その初日、ナオの動きを見た、ガーロは山岸に声を掛けた。「すごく体調がいいじゃないか。これだけコンディションがいいならもっと早く合流できたんじゃないのか」。数カ月を共にしたトレーナーにとって、その言葉が何より誇らしかった。

「山岸さんとのリハビリのほうが辛かったから、もう全然きつくないの。でも、ボールを使うと、こんなにパスって速かったかなって違和感を覚えた。でも、それにも徐々に慣れていった」

ドイツワールドカップ（W杯）期間中はJリーグが中断。チームはJヴィレッジで合宿を行った。合宿期間中は、W杯の話で持ちきりだった。同部屋の塩田と一緒に、日本対オーストラリアの一戦をテレビ観戦した。追加招集で呼ばれた茂庭がタッチライン際に立ったときは、大盛り上がりになった。

「うわぁモニ出ちゃうんじゃないの。出ちゃったよ、すげぇ」

「モニ持ってるわ」

もともとアテネ五輪経由ドイツW杯行きを目標に掲げた一人だったが、自分があそこにいたらとは考えなかった。

「実際にピッチに立っていないから何とも言えない。ただ、新たな危機感とモチベーションが生まれた。このままでは世界との差がますます開いて手の届かないところに行ってしまうんじゃないかという危機感があった。選ばれたメンバーの多くが世界を経験していたし、海外のクラブで、実際に毎日、肌でそれを感じながらプレーしている。世代別の代表で世界と戦ったことはあるけど、それは日常ではなく期間限定でのこと。だからといって海外へ今すぐ行ってプレーするなんてことは考えていない。自分の持っている実力もコンディションもそんなレベルにはない。何を目指すべきなのか。その結果、何を得ることができて、どのようなレベルでプレーできるのか。そうやって考えると、新たなモチベーションが生まれる。一つひとつを積み重ねていきたいと思った」

右肩上がりに回復し、コンディションも日を追う毎に良くなっているという実感があった。早く試合がしたくてウズウズした。復帰戦を前に行われた紅白戦前に、ガーロからは「FWはできるか」と聞かれると、「サッカーがやりたくてしかたがなかったから迷わず『できます』と即答した」。

中断期間が明けた、7月19日のJ1第13節アビスパ福岡戦が復活の舞台となった。ポジションは慣れないFWで先発出場となったが、プレーができる喜びを体全体で表現するようにも見えた。博多の森球技場の屋内にあるウォーミングアップスペースで体を温め、大雨が降るピッチへと出て行った。眩しいライトに照らされる。次の瞬間、あの横断幕が目に飛び込んできた。けがをしてずっと掲げられてきた「俺達はナオを待っている」というメッセージは、語尾が過去形の「待っていた」に変わっていた。

2006年7月19日のJ1第13節アビスパ福岡戦。「俺達はナオを待っている」と書かれた横断幕は「俺達はナオを待っていた」に変えられていた。

「それがすごくうれしくて、『帰ってきたな』と思えた。これだけ自分は走れるんだという姿を、雨の中、見に来てくれたサポーターに見せたいと思った」

後半24分まで、力を振り絞った。試合は0―0に終わったが、自分のことを忘れずに待っていてくれた人たちの存在に胸が熱くなった。

「あの横断幕には、本当に元気づけられた」

この試合後、ガーロからは「お前、サイドはできるか」と真顔で質問される。自分のポジションをガーロが知らなかったことに驚いたが、「できますよ」と言って「オレのプレー見たらサイドの選手だって分かるから見てくださいよ」と続けた。

この年から監督に就任したガーロは中盤の2列目を中央へと絞らせ、ボール保持率を高めるサッカーへと移行を図った。だが、結果的にはこれが失敗に終わった。体に染み付いていた、それまでの縦に速いサッカーとは真逆のスタイルに、明らかにチームメートは戸惑いを見せるようになっていた。その中で、一人楽しそうに練習するナオの姿は印象的だった。

苦肉の策として、続く鹿島アントラーズ戦でシステムを3―4―2―1へと変更し、ナオもFWから右ウイングバックへとポジションを変えた。この試合には2―4で敗れたが、第15節セレッソ大阪戦でも同じポジションに入ると復帰後初ゴールを決める。ジャーンとルーカスから祝福の胴上げをされ、チームも5―1と快勝を収めた。この勝利をきっかけに上昇曲線を描くかに思えたが、チームはその後2連敗。8月14日にガーロらコーチングスタッフを解任し、原トーキョー時代の参謀だった倉又寿雄を監督に据え、長澤徹のコーチ復帰を発表した。クラブ史上初のシーズン途中での解任劇だった。

「ガーロが目指したサッカーは、FC東京にとって必要なことだったというのは、みんなが理解していた。でも、結果がでないまま、雰囲気も悪くなって、このままズルズルいって最悪の事態を招いてしまうかもしれないとチームは判断したんだと思う。オレとしては、もう少し一緒にやりたかったのが正直なところだった」

新監督就任初戦のジェフユナイテッド千葉戦では、ナオのゴールもあって劇的な逆転勝利を飾り、続くアビスパ福岡戦でもゴールを決めて連勝を飾った。だが、その後は6連敗を喫した。季節は秋も深まった、10月7日のＪ1第26節名古屋グランパス戦で自身もゴールを挙げて2―1と久しぶりの勝利を収めた。

そのころにはけがの再発の不安も消え、以前から感じていた自分のプレーの幅をどう広げていくかを考えようとしていた。右サイドからポジションを自由に変え、ゴールを奪える位置にこだわるようになっていった。その中で、ある成功体験がナオの体に刻まれる。

それが、Ｊ1第28節ガンバ大阪戦だった。前半を0―2で折り返すと、今野泰幸のゴールを皮切りに東京が一気に流れに乗った。鈴木規郎の強烈なミドルシュートでゴールネットを突き抜くと、スタンドのボルテージは最高潮に高まる。

「ここでオレが決めたら最高だろうな」

それが現実となる。残り時間はあと6分、鈴木が左サイドを突破し、矢のようなクロスがゴール前を横切る。エリア内でルーカスがニアサイドへと動き、空いたスペースに自然と体が動いた。ボールの勢いを止め、右足インサイドでゴールへと流し込んだ。

ゴールの瞬間、天を仰いでゴール裏へと駆け寄り、サポーターに向かって叫んだ。遅れてきたチームメートが群がり、手荒い祝福を受けた。「しびれたよね」。この瞬間を味わうための至福のときだった。

「リハビリを前向きにやってきてよかったなと思えた。これをオレは求めていた。去年から夢見ていたあの雰囲気、得点。本当に夢のようだったけど、あの試合は間違いなくオレたちが、みんなで一体となって起こした現実だった。あの試合、あの雰囲気を一生忘れることはない。試合終了後、挨拶へ向かったバックスタンド、ゴール裏、メインスタンド。広がる最高の景色、みんなの喜ぶ姿、笑顔。オレはここでプレーして、ゴールして、勝利して、みんなと喜ぶために辛いリハビリも、苦しい連敗の時期も踏ん張って頑張ってきた。だから試合が終わってサポーターの前で山岸さんと喜び合いたくなった」

山岸は「オレはいいよ」と首を振り、近づこうとはしなかった。「裏方の人間だから表に出てきたらまずいって思ったんだろうけど、もうそんなの関係なくて、何度も『早くこっちにおいでよ』と呼び続けた」。

その気持ちがうれしかった。「一緒に苦しいところを乗り越えた。僕にとってあいつは送り出した子どものような存在だった。もうお前はリハビリに戻ってくるなよ」。そう心の中で言って、喜ぶナオの姿を感慨深く見守った。

歓喜が冷めぬまま、興奮状態が続いた。眠れぬ夜を過ごす中で、「この感覚は何だろう」と考えていた。

「自分の思い通りのプレーが出せた。とても不思議な感覚だった。ゴールを決める前に決定的なチャンスが2度あったけど、普通であれば、あれだけのチャンスを決められなかった苛立ちでイメージ通りにいかなくなることがほとんど。でも、ゴールした場面では本当に落ち着いていたし、ボールがなんとなく来そうなところからトラップして、その後のシュートコースまでがはっきり見えていた。すべてイメージ通り。どこにも余計な力が入っていなかった。そんな状態をつくり出そうと思っているんだけど、これがなかなか難しい。でも、これに近い状態でプレーできる場面が多くなっていけばいい。そうすれば、質の高いプレーが生まれて好不調の波も落ち着くかもしれない」

そして、こう思うようになった。「チームを勝たせられる選手になりたい。自分を変えたい」。この年、リーグ出場20試合で、５得点を挙げた。２００３年（29試合出場）に並ぶ自己最多得点となった。けがをする以前よりもプレーの幅が広がり、勝負強さが増した。10カ月に及んだリハビリを乗り越え、進化の種を植えた1年だった。

翌年、小平グラウンドに聞き慣れた声が響いた。

「元気だった？　またよろしくな」

原が2年ぶりに監督に復帰する。就任が発表された翌日、通い慣れた道を自転車のペダルを漕いでやってきた。

この吉報を誰よりも喜んだ。２年前のリーグ終盤をけがで棒に振り、何も貢献できないまま自分の育ての親でもあった原に別れを告げた。期せずして訪れた再タッグに胸が高鳴った。

しかし、チームは開幕戦でサンフレッチェ広島に敗れると、そのまま低調なシーズンを送ってしまう。新たなプレースタイルへの模索を始めたナオと、サッカー界の父と話す原との間にも溝が生じる。

ノーゴールに終わった2004年から感じ始めていたことだった。当時はサイドでボールを持つと、縦への突破を仕掛けた。それを封じられ、中央へとカットインして左足でシュートを狙う形を身につけた。だが、それだけでは、これ以上の成長を望めない。自由を求め、ナオは試合中に右サイドを離れ、中央へと立ち位置を変えるようになる。そこでボールを受けられないと、今度は逆サイドまで移動した。行き場を失い、まるで浮遊する姿に周りも戸惑った。

この行動に、原も「まずサイドに開け」と指示を出す。その指示を無視するようになると、原はベンチにナオを座らせた。そして、「以前できていたことがなんでできなくなったんだ。お前の良さはまずはここだから」と、何度も繰り返し映像も見せられた。それでも、原の言葉に耳を傾けようとはしなかった。代名詞のプレースタイルを捨てる覚悟を決めていたからだ。

「原さんはオレに期待してくれていたと思うし、昔のオレならそれに従ったと思う。チームを勢いづけ、オレの調子を上げるためにも原点に戻ってやってみようというのが原さんの考えだったと思う」

だけど、ナオはそこに立ち返ろうとはしなかった。「現状を考え、違うプレーの選択をしたかった。それが流動的なポジションチェンジだった。もっと選手同士が近い距離でプレーしたかったし、もっと違ったサッカーができるメンバーでもあったからこそ、オレはそうじゃないと思った」。ぼんやりとしたイメージはあったが、闇雲に動き続けて答えを見出せない。当然、パフォーマンスは不安定となり、徐々に浮いた存在になっていった。

「これが壁だと思った。けがによって本来のプレーができなくなったという見方をする人もいたかもしれない。でも、スピードが落ちたとは全く思わなかった。言われた通りにやっていればいい、では、このチームも自分自身も限界があるし、強くなれないというのが頭にはいつもあった。外に張り出すことで孤立してしまったし、逆にもっと悪くなると思っていた」

指示を無視し続けるナオを見かねて、原はナオをベンチに下げた。代わりに左利きの鈴木規郎を右サイドに置き、中央に入って仕事をさせた。それを見てため息を吐くこともあった。

「あてつけだと思ったよ。自分が浮いていることも分かった。でも、そうしなきゃいけない。自分で示さなきゃいけないと思っていた。周りにもうまく伝えられなかったのもある。自分が考えていることをプレーで示すことで、分かってもらいたかった。原さんの愛情はいつも感じていたからこそ、それを監督に認めさせたかった」

このころ、練習後にクラブハウスの駐車場で声を掛けると、話は1時間でも収まりがつかなかった。2、3分の立ち話のつもりだったが、日没して影は地面と同化して服は色を失っていた。それでもナオは、必死に「こうなりたい」と説明し続けた。熱量はビンビンと伝わってくるのだが、ノートに書き留めたメモは雑然としていた。当時は、読み返しても全く理解できなかった。ただ、何度も同じフレーズが出てきたから、心情だけは分かっていたつもりだ。

「みんなのイメージを良い意味で裏切りたい。自分をマークする相手も、オレのイメージがすでにできあがっている。それを超えていかないといけない時期にきている。今より成長するためにはこれは必要なトライになる」

そうやって内に秘めてきたものを全てさらけ出してしまう。その年のある練習ゲームで途中交代を告げられると、タッチライン際にあったドリンクのボトルを蹴飛ばし、練習グラウンドを囲むネットに体を預けて座り込んでしまった。眉間にしわを寄せ、地面をにらみつけたまま、その場を動かなかった。45分ハーフが終わると、ベンチには一瞥もしないままトレーニングルームに直行し、バイクをこぎ続けた。

「周りも何だよってなってた。でも、オレの中ではああいう形でしか気持ちを表現できなかった。自分が何か口にしても、そうじゃないと言われるだけだった。原さんは監督だから、意見が変わってしまうとチームは一つにならない。それも分かっていたけど、尊重してもらいたかった」

非公開練習などではなく、サポーターも見学していた。報道陣の数はそれほど多くはなかったが、「これはさすがにまずいだろ」と思った。「大丈夫ですか、テツさん？」と長澤に聞くと、「大丈夫、大丈夫、こんなことはよくあることだから」と笑い飛ばした。

この年は、長澤とナオが練習後に芝生に座ってよく話をする姿を見かけた。練習中、俯いて頭をクシャクシャにしては叫び、練習後にはシュートを打ち続けた。そして、気づけばピッチに腰を下ろし、二人が話をしていた。それが、お決まりのコースだった。周りは居残り練習も終え、取材エリアへと顔を出す。ほとんどの選手がそこを通り終えても、会話は途切れそうにもない。さっきまでお日さまはずいぶん高くにあったはずなのに、2人の話が終わるころには陽は傾き、足元にはずいぶんと長い影ができあがっていた。

当時の長澤は、よくこんなことを言っていた。

「もがいている姿を人にさらすだけではなく、言葉にすることも大事。自分が口にした言葉を聞いているのは、自分自身だと思うんだよね、絶対に。もちろん、人だからいろんな気持ちはある。でも、ナオは努めて言葉を選ぶでしょ。トップアスリートってみんなそうなんだよね。自然と自分に聞かせたい言葉を選んでいるんだと思うよ。そういう作業を繰り返さないと出会えない世界がきっとあるんだよ」

そう話すと毎回、「馬場、見てみ。こっからだよ、ナオは」と言って、「オレは確信があるよ、こいつは絶対に行くって。だって心の深いところで考えてるからね、あいつは」と続いた。

紆余《うよ》曲折を経たナオは、再びあの不思議な感覚をつかむ。Ｊ１第28節横浜Ｆ・マリノス戦で、1―1の場面で途中出場すると、チームのリーグ通算１００勝を決めるゴールをぶち込む。その得点も「あのときの感覚と似ていた」。トラップが少し浮いた瞬間、次のプレーの判断ができた。その後ろからは、ディフェンスが迫ってきていた。前に持ち出せば、追いつかれると思ってシュートを選択した。１人ゴールに向かって戻る選手が見えていたのでクリアされないようにコースを突いた。その軌道通りにボールがゴールへと向かった。

「あのガンバ戦同様、ゴールまでの軌道がハッキリ見えた。不思議だね。枠に飛んでいったのが見えたけどしっかりゴールネットを揺らしたかどうかは確認しなかった。サポーターの声で入ったんだと思った瞬間には、すでに走り出していた。頭の中は真っ白だった」

それまでの鬱屈した感情を解き放った瞬間だった。もがいて、苦しんで、悩み抜いた。何度転んだか分からない1年だった。このゴールをきっかけに復調を果たし、そのままシーズンを終えた。

ナオのサッカー人生に何度か訪れた転機の一つだった。不格好な波形を描く成長曲線と同様に、高く跳ぶために膝を曲げて力を溜めた年だったのかもしれない。

大けがで長らく戦列を離れ、新たなプレーを模索した。このころは悲壮感を漂わせ、孤独に抗っていたように思える。それをつぶさに見てきた、長澤はこう表現した。

「頑固なヤツだけど、一人でいろいろ考えたんじゃないのかな。以前に比べて取材の数もずいぶんと減ったたし、みんな自分のことをこのまま忘れていくのかもしれないと悩んでたと思うんだ。でも、人生と一緒で、まっすぐ右肩上がりのサッカー人生なんてないんだよ。ときには落ち込むことだってある。あいつはもがきながら、うねりのある成長曲線を自分で描いて、またプラスに持ってきた。最近のあいつには人間くささが漂っている。いい男になったよね。オレは好きだよ、今のあいつが。原さんもそれを信じて使い続けた。オレ、あいつは大きな事をやってのけるって思うんだよ」

誰かに忘れ去られる恐怖を感じた。それでも、自分を待ってくれる存在も知った。だからなのだろう。自然と、託される期待に応えたいという思いを強くした。このころからだと思う。ナオがポケットに突っ込んだ手を出して歩き始めたのは——。

動機は十分だった。もっと強くなるために、東京を強くするために、変化を求めて貫いた。自分の中にまだ眠っている価値があると信じて疑わなかった。そこには痛みも伴った。このシーズンを最後に、原と山岸はＦＣ東京を去っていった。別れのあいさつで、選手の前に立った原の男泣きが何よりの言葉だった。ナオにとっては、いまも恩師であり、サッカー界の父親のような存在だ。

変わりたい、いや変わる。そんな決意がにじんだ。漠然とはしていたが、チームを勝たせる選手になりたい。あの不思議な感覚を味わうときは、いつもチームを勝利に導く瞬間だったからだ。

第8章

©F.C.TOKYO

2008-2009.10

飛躍

世界と戦ってみたい

機は熟し、封印は解けた

ナオは焦っていた――。漠然としたイメージを形にしたい。だが、足踏み状態が続く中、進むべき道は定まっていなかった。そのタイミングで、ある出会いがあった。

原が去ったＦＣ東京は城福浩を新監督に迎える。２００７年にU―17ワールドカップ韓国大会を戦い終えたばかりのエネルギッシュな指導者が、ナオに道標を示した。

ナオがU―20日本代表だった時代に、２人は出会っていた。ワールドユース直前に、チームの分析担当に就任した城福は、その当時の印象をこう口にしていた。

「日本代表において、敵陣を切り裂く彼のドリブルが、最も可能性を感じさせる攻撃だった。ただ、好不調の波も大きく、すごくいいプレーをしたかと思うと、試合から消えてしまうことも少なくはなかった」

そうした印象は、大きくは変わっていなかった。城福は監督就任に際し、過去のＦＣ東京の試合映像を数多く見返した。そして、その目にナオのプレーはこう映った。

「それまでのFC東京の象徴的な選手だと思う。たとえばサイドからのクロスをゴール前に人がいる、いないに関わらず上げる場面もあった。カットインしてからのシュートも、強引に打つ印象があった。周りの状況を意識していない印象は持っていたし、状況判断ができている選手だとは思えなかった。ただ、特長はあった。どんな指示があったのかはわからないけど、もったいないなという思いで見ていた」

さらに就任当初のインタビューで、選手の起用法についてこんな言葉を口にしている。

「スペシャルな能力を発揮する場所があっても、それ以外の場所でそうでないなら、それはスペシャル（な能力）とは呼べない。タッチラインを踏んでいる状態でしか力を出せないのであれば、それはモダンなサッカーに適応できるとは言えないと思います」

この言葉が誰に向けられたものかは、明らかだろう。だが、ナオは城福に直接、「お前、可能性のないシュートを打ち過ぎだろ」と言われたことはなかった。

開幕前のグアムキャンプ初日と2日目に、それまでのFC東京の試合をまとめた15分程度の映像を選手たちに見せている。そこで、城福はシュートシーンの映像をピックアップし、選手全員に向かってこう語り掛けた。

「相手の立場から考えて、シュートを打たれた方が怖いのか、それとも打たれて助かったのか。その判断もしていかなければならない」

その言葉が、誰に向けられている言葉なのかはすぐに気づいた。「オレのことを言ってるのか」。東京に変革の波を起きようとしていた。横一線の競争が始まることを示唆する、決然とした言葉だった。構想外ではなかったが、その立場は絶対的なものではなくなろうとしていた。それと同時に、新鮮だった。自分が感じていた限界を、まるで見透かされているように思った。頭をクシャクシャにして描いた青写真を具現化できるかもしれない。だからこそ、「この出会いを大切にしなければいけない」と気持ちを新たにした。

就任1年目、城福はナオの定位置だった右ウイングをなくした。システムをそれまでの4―2―3―1から、アウトサイドのポジションがない4―3―2―1へと変更を試みている。このシステムでは、2列目のポジションは、サイドだけに張り付いていてはままならない。ボールの動きに応じてポジションを取り直さなければいけない。

だが、サイドに慣れ親しんだナオは、この定位置の変更に苦心する。足元にボールを収める瞬間、背後から迫ってくるDFに何度もボールを奪われた。プロ入り後は、常にタッチラインを背に右サイドでプレーしてきた。視野の違いに戸惑いを隠せなかった。

「相手を背負うことに違和感があった。原さんからはずっと角度をつくって前を向くように言われてきた。『お前は相手を背負うようなプレーヤーじゃない』って。でも、中央にポジションを取ることで、必然と背負うプレーも増える。それはやらなければならないことだと思った」

これは避けては通れない道だった。ボールとの間に体を挟み込んで、相手ＤＦに体をぶつけられるようになるか。もしくはファーストタッチで相手に捕まらない場所に置くようになるのか。求められたことに、必死に取り組んだ。城福からは「怖がらずに受ける姿勢を見せてくれ」と要求された。

さらに城福は、前年にピッチ上を浮遊し続けて定まっていなかった、明確な立ち位置を提示した。敵陣と自陣のペナルティーエリアの角を結んだ直線上に、まず立つことを指示した。そこをスタートポジションにして、中央に入るのか、それともサイドに開くべきか。２つの選択肢が持てるニュートラルな位置に構える。そこから得意のサイドに抜け出すなど、自由度は決して低くなかった。

選手個々と、チーム全体に対し、こうした緻密な約束事を少しずつ増やしていった。「チームとして目指している新たなサッカーで、自分の動き出しが攻撃のスイッチになればと思ってプレーしていた。そのために、右サイドだけでなく、いろんな局面に顔を出そうと心掛けた。もちろんうまくいくこともあったし、そうでないこともあった。でも試すことで手応えもつかめていた」。Ｊ１リーグ第２節アルビレックス新潟戦では２アシストを記録。変化への手応えもあったが、その後はけがで戦線離脱を余儀なくされた。

「チームは新たなスタートを切ったばかりで、みんなが目指すべきサッカーを吸収していた。その中に自分がいられないことへのいら立ちもあったし、正直不安もあった」

チームは新たなサッカーを吸い込み、変化を続けていた。ベンチの外で刻々と姿を変えていくチームに、焦りが顔を出す。

「早く味スタで試合がしたくてたまらない。何度、ウズウズしながら家に帰ってきたことか。チームの状態が良くないときに復帰して、自分がチームの調子を上向かせていきたいのもモチベーションの一つになる。だけど、チームの状態が良い中に復帰して少しずつ調子を上げていきながらメンバー争いに加わっていくほうが理想かな。やる気は出るし、相乗効果で自分のパフォーマンスも上がっていくと思う。今のチーム状態であれば復帰してすぐに試合に出られるなんて思ってない。ましてや、自分が出ていって結果につながらなければ、いない方が良かったと言われてしまうかもしれない。復帰していく段階ではポジティブなことも、ネガティブなことも考える。だけど、自分のできることをやりながらチームのリズムにうまく合わせていくことが大事かな。その中で少しずつ自分の特長を確かめるようにかみ合わせていくこと。色んな気持ちをひっくるめて、とにかくサッカーがしたい」

復帰は第11節名古屋グランパス戦となったが、しばらくはベンチスタートの日々を送った。このとき、城福は「ナオを使うことで得られる攻撃面のメリットと、守備面のデメリットを考慮しなければならない」と口にしている。

勝負に撤する城福は、守備のタスクに関して細部にまでこだわった。外国籍選手も例外なく、全選手に最低限の仕事を課した。城福が「ナオは守備を教えられていない印象があった。やらないわけではなく、やり方がわかっていなかった」と言う、ナオにとっては乗り越えなければいけない壁だった。

「スペースを埋めるべきなのか」

「自分のマークを守るべきか」

「ボールホルダーにプレスを仕掛けるべきなのか」

周りと連動した上で、その3つの選択肢の中から正しい判断を「相当うるさく言った」。試合中、2人がタッチラインを挟み、激しく言い合うことは何度となくあった。城福が激しく守備を要求し、ナオが「どうすればいいの?」と言い返す場面もあった。そうした激しい言い合いを繰り返しながらも、地道に一つずつ順を追って求められたことに取り組むプロセスを踏んだ。それこそ、ナオが求めていたことだった。

「新鮮と言えば新鮮だった。オレにとってはどれも必要なことだったし、いやなことだとは感じなかった。分からなかったり、迷うことはあった。守備に関しては、自分が思っていた以上に求められた。でも、それも必要最低限のことだったし、それができなければ試合に出られないと分かっていた。組織で戦うからこそ、周りにも影響する。今までとは求められていることも当然変わってくる。攻撃だけやればいいというわけにはいかない。これを覚えたら、自分が思い描くプレーができると思っていた」

奔放なサッカーの象徴だったナオのプレーは少しずつ変わっていった。初めはうまくいかないことばかりだったが、城福はその過程に驚いていた。

「正直に話すと、ナオのクセはなかなか直らないものだと思っていたし、ナオも納得して自分のことだと捉えるような性格ではないと思っていた。自分のプレーだけをやりきって満足している印象もあった。だから、もっとストライカーっぽい性格なんだと思っていた。だけど、実際は要求したことを自分のことだと気づいて取り組んでいた。そこが良い意味で意外だった」

ナオは焦ってきた――。だが、前年に繰り返してきた、「どうしよう」や、「このままだと」という言葉を吐き出すことはずいぶんと少なくなっていた。ぼんやりとしていた青写真が鮮明になっていく感覚。それを味わうことができたからだろう。小さな成功体験が重なっていく。だから、どんなに厳しい言葉を浴びても、思わず白い歯がこぼれてしまう。トレーニングの合間は、気づけばいつも笑顔になっていた。

「このタイミングで城福さんのサッカーと出会えたことはオレにとって大きな意味がある。この出会いによってこれからどうサッカーと関わりあうか見えてくるかもしれない」

新しい自分を発見できるかもしれない。胸の高鳴りによって膨らむつぼみがバンッと弾けて花開くのはもう近い。

この年、チームはリーグ6位でシーズンを終えた。だが、全てが満たされたわけではない。シーズン中に勝ち星を得るために、シーズン途中に3トップへと変更するなど、最適解を探り続けた1年となった。それを城福は、こう振り返っている。

「結果にこだわらなければならなかったので、誰の目にもわかるようにナオとカボレの特長を生かすシステムを採用した」

自分も、チームも、まだまだ良くなる。確証めいたものが、このときのナオにはあった。

「誰もが城福さんがやりたいサッカーではないんだろうなと思っていた。オレたちにはまだ力が足りないと思っていた。その足りない部分と貫く部分のバランスをとるのは難しかった」

そう言うと、こう続けた。「あと少し。ほんとちょっとのことなんだけどね」

ほんの少しの何かを探し求めると、その冬、思いがけない場所でヒントに行き着いた。08年12月に初めてファンミーティングを行った、そのワンシーンだった。ファンとの何げないキャッチボールの中で、どストレートが投げ込まれた。

「ぜひ、もう一度、日の丸を着た姿が見てみたい」

一瞬、その言葉にたじろいだ。そして、背筋がゾクッとした。「正直、自分の中で距離を置いてきた」つもりだった。大きなけがもあり、頭の隅に追いやってきた思いが引っ張り出された。笑って過ごせるとも思ったが、その言葉が妙に引っ掛かった。

起伏に富んだサッカー人生を過ごしてきた。代表から遠ざかって久しく、次の北京五輪世代の台頭もあってメディア露出も前ほどではなくなった。それでも、毎週末、サポーターは味スタに駆け付けて自分に声援を送り続けてくれてきた。

「感謝の気持ちは全て伝えきれないし、うまく表現できない。言葉にすると、どうしても軽くなってしまうようで。『いつも応援ありがとう』って言えるけど、それ以上にもっとたくさんの思いがあるから。オレの中で、サポーターやファンは仲間というか家族。それぐらい大きな存在だと思ってきた。幸いにして、うまく伝えきれない思いをピッチで表現できる。サッカーを続ける限りは、そういう思いを届けられる選手でいたい。それはオレの、オレ自身の永遠のテーマなのかもしれない」

知らず知らずのうちに、自分の背中の18に、誰かの思いを背負ってプレーしてきた。両親はスタジアムで背番号18のユニホームを見つけるたびに、「一人ひとりに本当はお礼を言って回りたい」と話してきた。「でも、そんなことしたら直宏に怒られちゃうから」と、心の中で何度も「ありがとう」と言うそうだ。「オレ、カズみたいになるんだ」と話していたサッカー小僧は、思いを託される選手になっていた。

だから、躊躇なんていらなかった。考えるよりも言葉が前に出ていた。

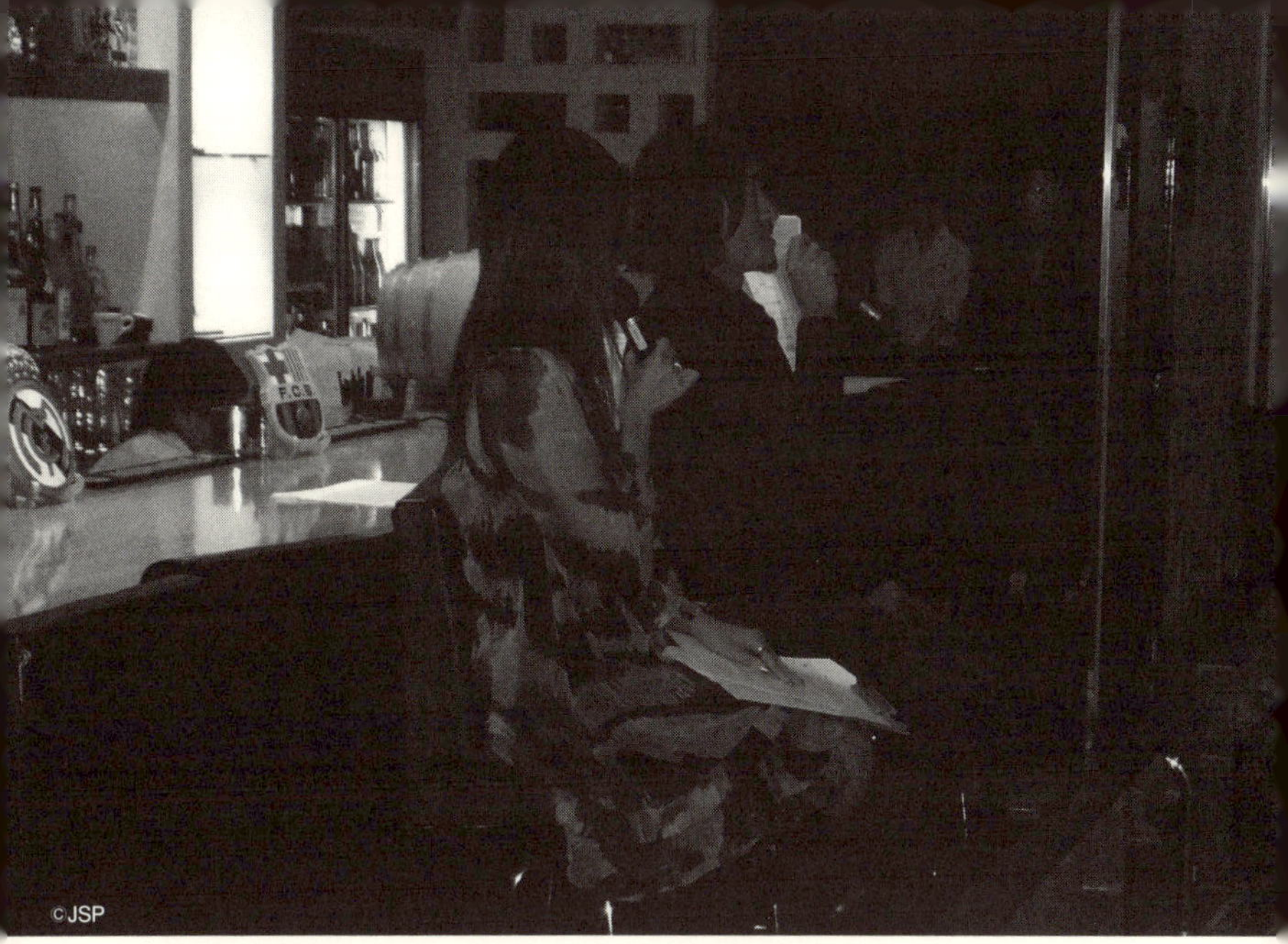

2008年12月に行われたファンミーティング。「日の丸を着た姿が見てみたい」というファンの言葉に、石川直宏は「もう一度代表を目指したい」と口にした。

「もう一度代表を目指したい」

会場は、その日一番の歓声に包まれた。

「代表はもういいと、そこから離れようとしてきた。代表の試合もずいぶんと見てなかった。同世代が活躍していたし、言葉にできないモノがあった。だから、チームのために結果を残そう、クラブに専念するんだと言い聞かせてきた。日の丸をつけてワールドユースやオリンピックで戦ってきた。それがなくなったときの物足りない感覚を、いつのまにかなくしていた。それは少しさびしい。サポーターがそう言ってくれるんだったら、現役でやっている以上は目指さないわけにはいかないと気づかされた」

同時に思った。「もっと喜んでもらいたい。楽しんでもらいたい」と。チームが勝つためには、何が必要なのかは分かっていた。城福からも、それが新たに課せられた役割だったからだ。年明けの囲み取材で、シーズンの目標を聞かれると、ナオは「ゴール」を連発した。「今シーズンは、もっとゴールにこだわりたいし、ゴールに絡むプレーを増やしたい」、と。

そして、あの一年が始まる。

ただし、その始まりは、順調だったとは言えなかった。キャンプ期間中に負ったけがの影響で、コンディションを落としていた。その影響で、プレシーズンマッチに出場するメンバーからは漏れた。合宿地の宮崎・都城市から試合開催地の沖縄へと移動するチームと別れ、別便で東京へと帰ってきた。

「今年、オレ、やばいかもしれない」

ひどく落ち込んだ顔で言った。

このとき、城福はチームを離れるナオに声を掛けた。「もう一回、ここで自分の問題と体を見つめ直そう」。18人の構想に入っていなかったわけではなかった。ナオには先発争いに加わってほしかった。だが、11人に割って入るだけのパフォーマンスを見せられていなかった。城福がナオを東京へと帰したのは、今の体調のままでは周りも納得しないと考えてのことだった。

開幕戦はスタンドからの観戦だった。チームは磨きのかかったパスワークは見せるものの、攻撃の迫力に欠けていた。

「中盤のつなぎはうまくなったと思うし、ボールを保持できるようになった。でも、どこかで攻撃のスイッチを入れないといけない。そういう役割がいないといけないと思った。やっぱりゴールに向かう姿勢だったり、迫力が足りない。オレよりもうまくプレーできる選手はいる。でも、アクションを起こせるのは、オレしかいないと思った。オレが変えてやる」

きっかけは、この年の初ゴールだった。J1リーグ第5節ジェフ千葉戦（2－1○）。左サイドでボールを持つと、その左脇を羽生直剛がすり抜けていく。それをおとりにゴールへと向かった。目の前のDFを翻弄《ほんろう》し、さらにカバーにきた選手を切り返してかわすと、ゴールまでの軌道が浮かび上がってきた。そこに力まず右足を振った。

「あれがきっかけだった。あのゴールこそ、あの年を象徴していた得点だった」

このとき、城福から教わった基本通りのスタートポジションでボールを受け、そこから中央へのカットインを選択していた。まさに、一年を通して磨き上げてきた形が、花開いた瞬間だった。

ここから痛快な快進撃が始まる。第8節ガンバ大阪戦でも、強引に左サイドからカットインしてゴールネットを揺らす。続く大宮アルディージャ戦で、自身初となるハットトリックの離れ業を演じた。この時点で、それまでのキャリアハイだったシーズン5得点に並ぶ。

周囲は突然のゴールラッシュに「何で」を連発した。その質問を穏やかな笑顔で、「理由は自分でも分からないですね」としなやかに交わした。

「それまで年1回とか見えていたゴールへの軌跡が頻繁に見えるようになった。それはずっと課題にしてきたこと。そんなこと、言っても分からないでしょ。だってこんな話を1回しただけで、理解なんてできないでしょ」

ここまでのページと同じ量の言葉を吐き出す時間は、囲み取材や1回のインタビューでは到底収まりきらない。奇跡や偶然ではない。これは必然のブレークだった。体に染み付くまで行ってきた膨大なシュート練習も、ここにはまった。培ってきた記憶はうそをつかない。状況に合わせた最適解をつくり上げた型の中から選択するように、瞬間、瞬間で判断していく。だからゴールの確率もおのずと上がる。本能的に見えるプレーも、全てオートメーション化させた理性の中から自動選択できた。後にも、先にも、こんな選手は見たことがない。

それに歩調を合わせるように、チームもがっちりと歯車がかみあった。流麗なサッカーは、見る者を魅了する。どんなにナオが神出鬼没なプレーを見せても、羽生直剛が労を惜しまず穴を埋める。攻撃を倍化させるバイプレーヤーの存在が、ナオをより自由にさせた。

順を追った、成長記録がそこにはある。それは、武道や、芸事にある『守破離』にもあてはまった。最初の段階の『守』で指導者の考えを順守し、見聞を深める。全てを習得できたと感じられるまでは、指導の通りの行動をすることが求められる。そして、第15節清水エスパルス戦（2―1○）で、ナオは次の段階へと進んだ。

この一戦で、ナオはアウトサイドに掛けた強烈なミドル弾で決勝ゴールを奪った。その直前にも、シュートを一本放っていた。同点ゴールを決められた直後に、「オレがゴールを奪う」とばかりにミドルレンジから狙った。枠を捉えたボールは、キーパーが弾き出したが、スタジアムの雰囲気はそれで一変した。

「流れを変えたいという思いがあった。シュートを打って弾かれたときに、これはチームの雰囲気が変わると自分でも感じた。チーム全体がこれから攻めにいくぞ、まだ負けないという気持ちになってくれたと思う。サポーターもあの後のコーナーキックで盛り上がってくれた。その直後のゴールだったので、自分でもビックリ。でも、（あのシュートが）いいフリになってくれたね」

城福も、このゴールには笑うしかなかった。「確かに、可能性のないシュートは打つなと言ってきたけど、2本とも枠には入っていましたからね。チームとしてやろうとしていることができているのと、彼自身の努力の賜物でしょ」。

ここで、『破』の段階に入った。指導者の教えを守るだけではなく、破る行為をしてみる。独自に工夫して、これまでになかった方法を試みたことで、次のステップを踏んだ瞬間だった。リーグ序盤に苦しんだチームも、徐々に順位を上げて7位まで浮上した。

順調にゴールを重ねるナオに、代表復帰の話がささやかれ始める。週中の練習後は忙しくなった。カメラの前に立つと、シャッター音が切られる。以前のように取材が次々と舞い込んできた。

突如として得点王争いを演じるアタッカーを、メディアは放っておくはずもない。アテネ五輪以来となる密着取材も組まれ、代表復帰についてコメントを求められる機会も多くなる。

「復帰って感覚はないかな。（最初に選ばれたのは）何年前だよって。初選出ということでもいいよ」

そう言って笑い飛ばしたが、もう一度、日の丸を背負ってプレーする姿を思い描くと、屈託のない表情の奥にはいろんな思いが詰まって見えた。

「そうだね、場所は国立がいいかな。スタメンで君が代を聞いたら、きっと泣いちゃうね。試合前からあいつ一人で泣いてるよって、指差されるの。それぐらい熱くなれるものがあの場所にはあるから」

そして、そのときは訪れた。10月10日の国際親善試合・スコットランド戦。場所は膝を負傷した、日産スタジアムが舞台となった。試合前日、もしかしたらスタメンで出るかもしれないという予感はあった。実際に、名前を呼ばれてからは「思った以上に感情的にはならなかった」と言う。

ポジションはトップ下だった。そこから試合途中に、ポジションを右サイドに移した。出場は後半20分までのプレーとなった。シュートを打とうとしてボールタッチが多くなった瞬間に、グンッと相手DFの足が伸びてきた。それが懐かしかった。その瞬間、「世界ってこうだよな」と、「自分が代表に帰ってきたことを実感した」。まだまだ時間が必要だった。チーム戦術を理解した上で、自分が求められるプレーを整理しなければいけなかった。続くトーゴ戦にも途中出場し、「もっと良くなる」という手応えをつかんだ。

あのアテネ五輪から5年の歳月が過ぎていた。その間に、多くのことが自分の身に降りかかってきた。一つひとつを受け入れ、ここまでやってきたという自負があった。

「5年かかったかもしれない。でも、実際に5年間で得たものもかなりあったと思う。だって、積み重ねてきて、またこうして代表に入れたわけだから。でも、ここが終わりじゃないし、目標じゃない」

その視線の先には、既に次の目標があった。「目指さない理由？　どこにもないでしょ」。夢にまで見たワールドカップは翌年に迫っていた。

ナオは、再び焦り始めた。でも、その焦りは質を変えた。

「これからは世界と戦うために、自分が何を求められるかを考えなくちゃいけない。本大会のメンバーに入らなければ、そんなことを言えないのもわかっている。矛盾しているかもしれないけど、でも入ってからだともう遅い。世界にチャレンジして、結果を求めていこうとしている。でも、オレの中で、目指すW杯というものが、まだ漠然としたものでしかないのがさびしいし、悔しい。28歳なら既に2大会経験していてもおかしくない。今になってそんなことを考えても遅いかもしれない。でも、周りは期待してくれるし、そこでオレのプレーを見たいと言ってくれる。まだ、ハッキリと見えてこないのが悔しい」

過去に封印したはずの思いが、再びあふれてきた。アテネで対戦したイタリア代表の多くの選手が順調にキャリアを歩み、06年のドイツW杯優勝メンバーにも名を連ねていた。国際舞台や、欧州を舞台に同世代や、年下の選手も羽ばたいている。「自分には関係ない」と割り切ったはずだった。

「積み重ねてきたものもある。そういうものを出し尽くした先に見えるものがきっとある。今の自分で通用する部分もきっとあるからこそ、世界と戦ってみたい。熱いモノはあるけど、まだ足りない。もっともっとって、そう思うんだよね」

描いてきた成長曲線は、最終段階へと入ろうとしていた。守破離の『離』。回り道はしてきたが、機は熟そうとしていた。口には決してしなかったし、そんな話が動いていた事実も確認は取れていない。ただ、W杯を契機に、あのとき封印していたもう一つの目標だった欧州挑戦を考えてもおかしくはなかった。

弱気とも違う何かが、言葉の端々にある焦りを感じさせた。まだ何かが足りないと感じ始めていた。飛ぶ鳥を落とす勢いもあった。それほどまでに、眩しく輝いていた。今思えば、ナオの焦りの正体は、きっとそうだったんだと理解している。

「次は世界だ」

そう口にするのを、みんなが待ち望んでいた。あれだけの思いをしたからこそ、その背中を関わる人たちが押したはずだった。だが、次なる扉は開かなかった。また、あの嫌な鈍い音を聞いたからだ。だが、そこからあきらめることをあきらめた男の物語は第二章へと進む。人間くささがにじむ、格好いい男の話だ。

第
9
章

©F.C.TOKYO

2009.10-2010

ワールドカップとFC東京

東京と石川直宏はイコール

青赤への思い

あきらめることを、あきらめた――。

手繰り寄せた未来に希望も持ち始めていた。J1リーグの得点ランキングでトップ争いを演じ、足を振ればゴールネットが揺れた。どの得点も漫画や、TVゲームみたいなスーパーゴールばかりだ。当時のFC東京はシーズン途中にカタール1部のアル・アラビへカボレを売却するなど、財政面で危機的状況に陥っていた。苦しいチーム事情の中でナオに対するマークも次第に厳しくなり、負傷や持病の偏頭痛で出場を回避する試合も少なくなかった。だが、ときにはキャプテンマークを巻いてプレーするなど、代表復帰を果たしたナオの活躍はクラブの希望となっていた。あれほど厳しく指導を続けた城福は「このチームをどうにかしたい、まだまだ優勝を諦めない、希望を捨てていないという思いをナオのプレーから感じた。だから彼にキャプテンマークを託すことに迷いはなかった」と言葉にし、目を細めるまでになっていた。

何とか折り合いをつけながらピッチに立ち続けた。そして、ヤマザキナビスコカップでは5年ぶりに決勝進出を決め、奇跡のリーグ初制覇に向けてチームは一丸となっていた。

「さあここから」と思った矢先、そのサッカー人生が再び暗転する。聞き覚えのある鈍い音をきっかけに――。

２００９年10月17日、２試合連続ゴール中で迎えたＪ１リーグ第29節柏レイソル戦。キックオフ前から妙な感覚があった。不思議と体が動き、キックオフから城福に求められたプレーに全て答えられているという手応えがあった。ベンチの指揮官も、「きょうのナオはすごいな」と思わず声を漏らすほどだった。さらに、その言葉を借りると、「異次元のプレーだった」とこの日の姿を表現する。

本人が試行錯誤し、城福が整理して道を示した。そして、たどり着いた完成形が、確かにその日の味スタにはあった。ゴール前で、いかに意図的にフリーの選手をつくり出すか。城福が取り組んできたサッカーを選手たちが見事に体現して見せた。

前半44分に赤嶺真吾が先制点を奪い、後半10分に羽生直剛が追加点を挙げる。さらに、同17分には平山相太にもゴールが生まれた。ナオ以外の攻撃陣がそろい踏みとなり、「前線の３人が点を取っていたし、あとは自分が点を取るだけだ」と、うずいた。

チャンスを待ち続け、それを見逃さなかった。後半24分、中盤で羽生がボールを受けるのを見ると、一気にトップギアに上げて急加速する。マークについていた選手を振り切り、相手最終ラインの背後へと飛び出した。そこに背番号22はふわりと浮き球のパスを合わせる。スピードを少しも緩めることなく、目の前でワンバウンドして跳ね上がったボールに右足を伸ばした。シュートは相手GKの頭上を越えて、ゴールへと吸い込まれていく。その時点で、得点ランキングトップに並ぶ15点目のゴールが決まった。

だが、それを仲間たちと喜び合うことはできなかった。勢いがついた体は自由を失い、相手選手と空中で交錯。着地した左足は膝から〝く〟の字に曲がる。あの鈍い音が体を駆け巡った。

「痛いじゃなくてヤバイ。あの感覚だった。痛みを我慢しながら、もう終わったと思った。何で左足も……」

残酷な現実を突きつけられた。顔を両手で覆ったまま、すぐに担架で運び出された。試合は、そのまま4―0で勝利を収める。

試合後、監督会見の席に着いた城福は沈痛な面持ちで、こう言葉にしている。

「ナオがあのような状況で、ピッチを去るのをベンチのメンバーは見ていたはず。そこで2列目の選手を交代で送り込んだが、私は彼らの姿勢には非常に不満です。若い選手がこういう姿勢でしか取り組めないなら、このクラブは強くならない。そこに大いに危機感を持っている。『青赤を着る』というプライドを彼らに植え付けなければ、今後、ピッチに立たせることはできない。

そのくらいの憤りを感じる。ナオがけがをしたことで、自分がどのような立場になるかということを、しっかりと伝えてピッチに立たせられなかった自分の責任でもある。このクラブはさらに上に行く。最終節で奇跡を起こすためには、先発の11人だけでは不可能。青赤のユニホームを着る意味、姿勢をもう一度たたき込みたい」

そのころ、ロッカールームでは家族がナオのもとを訪れていた。不安がる両親の前では笑顔を繕ったが、痛みでけがの程度は想像できた。

翌年に控えた南アフリカW杯出場の期待も集まる選手の負傷に、試合後のミックスゾーンには多くの報道陣が列をつくった。テレビと、スチールカメラが並び、ペン記者も待ち構える。そこに自らの足で歩いて姿を現した。軽く会釈をし、そのまま移動車に乗り込んだ。

自宅に帰ってからもアイシングを続けた。痛みは05年に負った右膝のときほどではなかったが、少し腫れた左足を見ていると、あの日の記憶が蘇ってきた。

「やっちゃった。ちょっとやばいかもしれない、あのときに似てるかな」

恐る恐るパソコンを開き、自らの目で負傷したプレーを確認した。映像を見て、「ちょっとやばいかも」と、自分でも鼓動が早くなるのがわかった。

ただし、見返した自分のプレーに後悔はなかった。「最初は時間を戻してやり直したいって思ったけど、冷静になった今は、時間を戻してもきっと同じプレーを選択していたとさえ思う」。そう言ってこう続ける。

「無謀なプレーじゃなかったと思ってる。体が良ければ良いなりのプレーをチャレンジするのは普通のこと。できるのに、あえてやらないことのほうに違和感を覚えるぐらい。オレは後悔してない。自分の身に起きたアクシデントは必然であって、避けられなかったことだった……。ある意味、そう強く言い聞かせているところでもあるんだけどね。起きてしまったことを後悔してもしかたがない。やっぱり点は取りたかったし、できることならそのまま走ってみんなの前で喜びたかった。たとえ自分がけがをすると知っていても、きっと足をもう一度伸ばす。それが石川直宏のプレースタイルだし、そういうプレーを見に来てくれるサポーターもいるから。ボールの軌道とゴールネットが揺れる景色は、いつまでも忘れないだろうし、その景色が、今後復帰するまでのモチベーションになるよ、きっと」

すべてを受け入れる覚悟をした。W杯をあきらめなければいけないかもしれない。だが、あきらめてはいなかった。

「右とは違って、まだ死んでいない気がしていた。根拠なんてないよ。何かが引っ掛かるんだよね」

そして、検査日を迎えた。診断結果は左膝前十字靱帯不全損傷――。

全治は8カ月と診断された。ナオの前には2つのカードが並べられた。手術すれば、復帰は早くても翌年の6月になる。これではメンバー発表前の復帰は不可能。ナオはもう一つ選択肢に懸けた。

「100%の状態でプレーできなければオレじゃない。今までのオレなら迷わず手術を選択したかもしれない。だけど、来年のW杯への思いが沸いていた。(代表復帰した)10月にあれだけいろんな思いを持ってプレーできたのに、こんな形で簡単に終わるのってどうなの？　可能性があるなら、それに懸けてもいいんじゃないのか。自分からそれを捨てるわけにはいかない」

選んだのは保存治療だった。どこまで回復するかの見込みが立たない上に、いつ完全に切れてもおかしくない状態でプレーを続けなければいけない。W杯出場を最後まであきらめないために、いちるの望みをつないだ。

それまでもそうだった。自ら下した決断だったからこそ、責任を持てた。10月下旬に内視鏡検査を行い、痛めた半月板を処置して傷口を閉じた。うそはつきたくなかった。「W杯に出たい」。その思いで手術を回避し、切れかかった靱帯のままでプレーすることを決断する。

だが、それが正しい選択だったかは、わからなかった。

「このままでは厳しいかもしれない。自分の選択で大丈夫なのかなとも思った。でも、アテネ(五輪)から帰ってきて大学生と試合をしてけがしたときからもともと左膝は少し緩くなっていて遊びがあった。それが幸いした。そういうところも含めて期待してしまうんだよね」

W杯イヤーはすぐそこにあった。10月末に退院してからは復帰に向けたスケジュールを立て、やるべきことを探った。

そして、翌月3日、ナビスコ杯決勝の朝を迎えた。水先案内人として決勝進出の原動力となったが、「けがをした直後には考えられなかった。後からオレ、決勝に出られないって気づいた」と話す。試合当日はテレビの密着取材が入っていた。移動車に乗って首都高の代々木あたりで、国立霞ヶ丘陸上競技場のバックスタンドの青い一団が確認できた。それまで取材クルーからの質問に「(出場できないのは)仕方ないですよ」と答えていたが、国立のスタンドを見てからは言葉数が減った。

「グッときた。だけど、スタジアムが近づくにつれて複雑だった」

ベンチ入りできなかった控え組や、けが人と共に、国立の観客席に座った。その隣にはシーズンいっぱいでの現役引退を表明した浅利悟がいた。並々ならぬ思いで、この一戦に懸けていたことも知っていた。掛ける言葉が見つからないまま、試合はキックオフする。

「気持ちはみんなに託していた。5年前の決勝を経験した選手は数える程度だったけど、チームはこれだけ成長したんだと思えた」

川崎フロンターレ相手に堂々と渡り合い、相手の猛攻を凌いで2—0で勝利を収めた。あの日見た景色とは違っていた。表彰式ではチームメートが優勝カップを掲げる姿を下から見上げた。はしゃぐチームメートを横目にさびしい思いもどこかにあった。浅利がユニホームを脱ぎ、藤山竜仁がコンサドーレ札幌へと移籍。盟友だった茂庭照幸も、チームを去ることが決まっていた。初めて青赤に袖を通してから、共に戦い続けてきた選手たちの去りゆく姿に胸が締め付けられた。

5年ぶりのタイトル奪還を果たしたが、リーグ戦はあと一歩及ばず5位でフィニッシュ。天皇杯も準々決勝で敗退した。12月のJリーグアウォーズに、6年ぶりに優秀選手として出席した。そこで、ベストイレブンに名前が挙がり、少し照れ笑いを浮かべながら登壇した。

「賞に値するのは1シーズンをフルに戦っている選手だと思っていた。試合数も出場時間も少ない中で評価してもらった。歴代の受賞選手を見ていて、あまりに現実離れした場所だったし、自分にとって無縁だと感じていた。安定して質の高いプレーを発揮させてくれたのは、間違いなく一緒に戦ってきたチームメートだった。自分が自分でい続けるために、無意識ではなく意識してチームのスタイルに歩み寄ることができた結果。その中でチームメートから生かされる姿をイメージできたことは大きな変化だった。互いに足りないところを補完し合うことがチームの強みになったし、同じイメージを思い描くこともできた。だからみんながあの舞台にオレを立たせてくれたんだって思う」

J1リーグ24試合15得点。残したインパクトは絶大だった。誰もが思っていた。

「あのけがさえなければ」

だが、本人は、それを否定した。

「そう思うでしょ。でも、そうじゃない。みんなが思うことだけど、でも、そうじゃないんだな」

そうやってもったいぶって首を振った。次に続いた言葉は、その先に待っている悪路すら、まるで楽しむように希望に満ちていた。

「けがから戻って正直どこまでできるかわからない。けがなんてしないほうがもちろんいいけど、そこからまた学べることや、考えられることって必ずあるから。早くピッチに戻りたい。新しい感覚がある。それを早く試してみたい。このけがを乗り越えれば、きっとまた新しい自分に出会えるかもしれない」

けがを乗り越えた過去があるからこそ、また次も乗り越えられるという強さだったのかもしれない。そんなナオに、恩師の長澤から手紙が送られた。短いたった3行の文面に託したのは、ナオの気持ちを見透かすようなフレーズが並んだ。

『プロフェッショナルの世界、起こる事全て善きこと。
いろいろあるからプロフェッショナル。
起きたこと全てに意味を紡いでいってください』

その後は膝の状態を確かめながら、徐々にトレーニングの強度を上げていく。年末年始のオフもほぼ返上し、リハビリと体力づくりに多くの時間を割いた。徹底的に体をいじめ抜き、年が明けた2010年1月25日から行われる日本代表の指宿合宿へと備えた。その合宿を経て行われた国際親善試合のベネズエラ戦で、後半から交代でピッチに入る予定だった。だが、そこが復活の舞台にはならなかった。ハーフタイムに左ふくらはぎを痛めて出場を回避すると、そこから東アジア選手権に臨む代表からは離脱。チームに戻って治療に専念した。

「知らないうちに膝をかばっていたのも事実。より出力が加わっているのは感じていた。特にふくらはぎを使うプレーが多くて、自分のプレーをする上で生命線のようなところだから。今後に生かさないといけない」

3月6日、味の素スタジアムのピッチには、石川直宏の姿があった。シーズン開幕戦の相手となったのは、古巣の横浜F・マリノス。試合は膠着《こうちゃく》状態のまま、刻々と時間が過ぎていた。負傷退場した柏レイソル戦とほぼ同じ時間帯の後半24分に声が掛かった。ベンチ脇で戦況を見つめながら、城福の指示を仰ぐ。「まず失点をしないことからゲームに入ろう。ボールを回せ始めているから、ワイドに少し開いてボールを引き出してくれ」。

ユニホーム姿のナオがタッチライン際へと現れると、歓声にも悲鳴にも聞こえる声が、スタジアムを飲み込む。そのどよめきを肌で感じた。

「交代の瞬間、みんなが注目してくれる。〝戻ってきた〟という気持ちになった。それと同時に、この試合を決めたいと思った」

ピッチに解き放たれると、試合終了間際に見せ場が訪れた。相手DFをドリブルで振り切り、そのまま一気にボールを運んだ。目の前にDFが立ちふさがり、シュートコースを消してきた。高速で移り変わる景色の中で、「周りもよく見えていた。(赤嶺)真吾が動き出していたので、ファーサイドがこれで空く」と横パスを選択する。このボールに反応した平山がゴールに蹴り込み、FC東京は開幕戦に勝利した。

「少し早いかもしれないけど、なんとか戻ってきた」

このまま順調に復活ロードを歩むはずだった。だが、あれだけ面白いように取れていたゴールが遠かった。事あるごとに、左足を上げて前後に振ると、首を傾げてため息を吐く。そこに決まって、こう続いた。

「ゆるいんだよね、コレ」

微妙な感覚のズレをいかに埋めていくか。先発にも定着して順調にプレー時間は伸ばしてきたが、その手応えが深まることはなかった。それでも最後に自分の名前が入ることを信じた。代表発表前最後のアピールの場となった、4月6日の国際親善試合・セルビア戦にも招集された。後半から途中出場したナオは、何度か決定機を迎えたが、それをモノにすることはできなかった。

チームも0―3と大敗を喫し、岡田ジャパンは逆風吹き荒れる中で、メンバー発表の日を迎えようとしていた。

夢への切符――。その知らせを後はもう待つだけだった。5月10日。その日は気づけば、朝から普段よりも時計を見る回数が多くなっていた。ナオは、忙しなく動かしていた足を止め、窓ガラスに映り込む下着姿の自分を見て思わず吹き出しそうになる。

「さすがに、他人にこの格好は見せられないいな」

目の前には2つの着替えを用意した。スーツに手入れの行き届いたシャツ、ネクタイも抜かりなく準備した。その隣には寝間着を並べた。本大会のメンバーに選ばれれば、クラブ広報が運転する迎えの車に飛び乗り、会見場へと向かう。別の結果となれば、着替えて布団に身を埋めようと決めていた。あっという間に、午後2時がやってきた。

下着姿で、テレビ画面の前に座った。都内のホテルで始まった南アフリカW杯のメンバー発表会見で、リストを読み上げる岡田武史の声に耳を凝らした。長い息を吐き、「できる限りのことはやった」と、自分に言い聞かせる。どんな結果も受け入れる覚悟はできていた。

結果は落選――。

その夜、ナオの幼なじみの高木も誘い、無理やり食事に連れ出した。いつもと変わらない雰囲気だったが、どこか妙に明るく振る舞う姿が記憶に残る。ひっきりなしに掛かってくる電話には、

「ありがとうございます」と、「がんばります」を繰り返していた。

翌日、酷い二日酔いで頭を抱える僕の目の前には、熱気をまとい小平グラウンドをダッシュで何往復もするナオがいた。

その姿に、長澤の言葉を思い出した。ふとした瞬間だった。何げない会話の中で、ふいに「情熱って……」と言って、言葉をつないだ。

「本来の意味とは違うけど、『情けない熱』って書くでしょ。それって人が『情けねぇ』って思うときに『熱』が溜まるからだと勝手に解釈してる。だから悔しい思いをしたナオみたいなやつにしか、その熱は出せないんだよ」

球のような汗を流し、熱気を帯びた、その体からは「情けねぇ熱」がバンバン放たれていた。

発表の2日後、29回目の誕生日を迎えた。その日、本大会のメンバー23人に加えて国際サッカー連盟（FIFA）に登録された、残りの予備登録メンバー7人が明らかとなり、そこにナオの名前もあった。つかみかけていた切符は、寸前でするりと、その手からこぼれ落ちた。

「期待してくれていた方には申し訳なかった。代表でもう一度戦うという思いを強くさせてくれたのは、東京のサポーターだった。一緒に目標に向かって頑張ってきてオレの想いも日に日に強くなった。やるべきことはやってきたし後悔はない。南アフリカで走り回る姿は見せられないけど、青赤のユニホームを着て走り回る姿に思いを乗せてプレーできることはオレにとって幸せなこと。トレーナーをはじめ、ドクターの方々にも、ここまで後押ししてもらった。素直に原点が見えた気がする。点が取りたいのも、勝ちたいのも……すべてはこうやってサッカーができているからこそ。そう思えるのも、この日の発表を目指してやってきたからだと思う」

W杯期間中のオフを利用して東京を離れ、「第二の故郷」という高知県で、古くからの友人であるプロサーファーの鍋島杏里と一緒に波乗りをして過ごした。そこで、W杯初戦のカメルーン戦を観戦した。世代別代表で共に戦った、アテネ五輪世代が躍動する姿に次第に前のめりになっていった。本田圭佑のゴールが決まった瞬間は子どものようにはしゃぎ、試合終了の笛に何度も頷いて拳を握った。

日本代表は前評判を覆し、南アフリカW杯で決勝トーナメント1回戦へと進出した。その手でつかめなかった目標が、目の前に存在した。だが、ナオは、すでに次の目標を見つけていた。『日々前進』。苦しい中でも、ここまで前を向いて前進できてきたからこそ、新しい目標はある」。それには、ずっと前から気づいていた。

「東京で優勝したい、もうそれだけかな」

一つの夢はかなわなかったが、大切なもの、大切にしなくちゃいけないものがまだ残っていた。だが、さらなる熱を溜め込むような憂き目に遭う。その出来事を境に、ナオは「FC東京＝石川直宏」という方程式を再三使うようになる。

W杯中断明け以降、チームは思わぬ低迷を続けていた。この年は、シーズン開幕前の練習中に、米本拓司が左膝前十字靭帯損傷の大けがを負って戦線を離脱。そこに主力のけがも重なり、チームの再構築を余儀なくされた。その中で何とかやりくりしながら試行錯誤してきた。頼りのナオもシュートの感覚が戻らないまま、ノーゴールが続いていた。そこに、夏の移籍市場で長友佑都がイタリア・セリエAのチェゼーナへと期限付き移籍を決断。代わりに、クラブは新たな得点源として大黒将志を補強したが、劇的な得点不足解消とはならず、チームは勝利から見放されてしまう。

9月18日の第23節ジュビロ磐田戦で、ようやくナオはシーズン初ゴールを奪った。だが、その試合でも1―2で敗れ、チームは泥沼の9戦未勝利。順位も降格圏の16位へと転落してしまう。その翌19日にクラブは城福を解任し、後任監督に日本代表コーチだった大熊清を招聘《しょうへい》した。

その後、米本がシーズン終盤に復帰を果たし、一時は4戦負けなしと持ち直したかのように見えた。だが、勝てば残留に大きく近づく第33節のモンテディオ山形戦で、再び雲行きがあやしくなる。後半29分に平山のゴールで先制したが、終了間際の同41分に痛恨の同点ゴールを許し、痛恨の引き分け。ナオはその試合の前半35分で右ふくらはぎを痛めて負傷交代。ヒリヒリとした残留争いの行方は、降格圏のヴィッセル神戸と勝ち点差1の15位で迎える、最終節の京都サンガF.C.戦へと持ち越された。その試合で、ナオはけがの影響もあり、ピッチに立つことはかなわなかった。

12月4日、西京極で行われた最終節は、試合前から異様な熱気に包まれていた。試合開始の時点から、開幕前に優勝候補の一角に挙げられたほどのチーム状態は見る影もなかった。すでに降格が決まっていた京都相手に為す術なく0―2と完敗。神戸が最終節で浦和レッズに勝利し、順位が入れ替わってまさかのJ2降格が決まった。

試合後、誰もが「まだ何も考えられない」と、茫然《ぼうぜん》自失となっていた。こだまするトーキョーコールに泣き崩れる選手もいた。

翌日からは選手の大量放出の報道が飛び交う中で、選手たちは結束。来季も東京でプレーすることを確認し合い、ナオもいち早く残留を表明した。「どんなことにもぶれないたくましいチームになって、1年でJ1に戻ってきたい」と決意を新たにした。そのための第一歩として、勝ち残っていた天皇杯で、その姿勢を示すんだと誓いを打ち立てる。

12月25日に、熊谷で行われた、天皇杯準々決勝・アビスパ福岡戦。試合2日前に練習合流したばかりで、痛めていた右ふくらはぎに不安を抱えながらもベンチ入りを果たす。前半早々に先制を許す悪い流れをナオが断ち切った。後半途中出場すると、試合終了間際に同点ゴールを決めて延長戦に持ち込む。さらに、延長前半に平山の逆転弾を演出して追加点も奪って見せる。延長後半に失点したが、ナオの2得点1アシストの活躍で準決勝へと駒を進めた。

その4日後、国立霞ヶ丘陸上競技場で行われた鹿島アントラーズとの一戦も死闘となった。平山の2試合連続ゴールで先制したが、後半に追いつかれてこの試合も延長戦に突入する。延長前半に退場者を出して数的不利となったが、何とかラストワンプレーというところまでこぎ着けた。だが、守りきればＰＫ戦という状況で持ちこたえることができずに失点。決勝進出を逃した。試合直後、ミックスゾーンで怒りに震え、吐き捨てるように「ぬるい」と言った。その矢は、まるでチームと自らに向けて放ったようにさえ思えた。

「このチームは、ずいぶん前からオレの中で体の一部以上の存在になってしまった。だから、格好悪くたっていい。どう思われても、どんな姿だっていいよ。東京と石川直宏は、イコールで結ばれている。このクラブがどう思われるか、それは、もうオレの生き様でしかないと思っている」

プロサッカー選手として、どう生きるべきなのか。ここからユニホームを脱ぐまでの7シーズンは、懊悩する日々と共に、その真理の探求に費やされる。

左膝に抱えた時限爆弾は、すでにカチッとスイッチが押された。あきらめの悪い男は、ここからあがき続ける。

「何のために……」

過去、現在、そして未来をつなぐ意味を探し続けた。それができるのは、自分自身でしかないと信じて。

第
10
章

©F.C.TOKYO

2011-2012

家族

あのゴールが取れて良かった

愛する家族がそこにいた

ここで物語に、新たな登場人物が加わる。後にナオの人生の伴侶となる女性、千葉（旧姓）麻衣子。このヒロインは、ナオから2008年のオフに「えっと、マイちゃんです」と紹介された。

知り合った直後ぐらいの印象は、よく泣く人だった。というのも、紹介されて間もない頃、目の前で2人はささいなことで言い合いになった。ピースフルなナオが、プライベートで怒る姿を見たことは数える程度だったから記憶に残っている。2人はすぐに仲直りをしたのだが、笑いながら涙を流す彼女の姿を見て「ナオが腹の中をさらけ出せる、数少ない人なんだ」と思った。

長澤が、10年以上も前にナオの将来についてこんなことを話したことがある。

「今後壁にぶつかったりしたとき、今までは1人で乗り越えられたかもしれない。だけど、それにもいずれ限界がくる。アスリートだけの話じゃないけど、1人の力では難しいときがくる。そういうときって何か新しいモチベーションが必要になるんだけど、壁みたいなのを乗り越えようとするとき、家族の存在が大きな支えになるんだよな。だから、独身のあいつが変わるとしたら、それは結婚して子どもが生まれたときかもね」

独身を謳歌してきたナオの口から初めて〝結婚〟と聞いたのは09年末ぐらいだったと思う。他愛のない会話に挟み込むように、確かにこう言った。

「マイちゃんとは、たぶん結婚すると思う」

大活躍したその年、あの大きなけがをした試合でも両親と共に彼女はロッカールームにナオを見舞っていた。そのときも、確か泣いていた。左膝のけがを乗り越えるとき、いつも側にいたのが彼女だった。

その後、そのサッカー人生と同じように山あり谷ありながらも、順調に2人は愛を育んでいった。そして、J2を戦うことになった11年シーズンの開幕前に前触れもなくこう口にした。

「オレ、結婚するわ」

新たな命を授かり、恋人たちは夫婦となった。サガン鳥栖との開幕戦を2日後に控えた3月3日のひな祭りに婚姻届を提出。約3年の交際期間を実らせ、ゴールインした2人は本当に幸せそうだった。

「これから引っ越しとかいろいろ忙しいけどね。理想を言えば、J2で優勝して年末か年明けに式を挙げられればいいかな」

家族が増え、気持ちも新たにＪ１復帰を目指した。だが、この年は開幕前からけがに泣かされた。10年末に痛めたふくらはぎを開幕前のキャンプ中に再び負傷し、練習は別メニューが続いた。鳥栖戦でベンチ入りしたが出場機会はなく、第２節のファジアーノ岡山戦の遠征メンバーからも外れた。チームは試合前日の11日に岡山に向けて移動を始め、ナオ本人は練習後に新居となるマンションを見学する予定だった。

午後２時46分――。

紹介された物件の内見に、車を走らせていた。突然だった。ドンッと激しい揺れを感じた。車を道路の脇に停車させ、車外に向けた自分の目を疑った。右に左に揺れる電信柱。その場で揺れが収まるまで待ったが、テレビのニュースを見て血の気が引いた。

身重の妻を案じて連絡を取ろうとしたが、電話の回線はパンクして不通が続く。募る不安と焦りに呼吸が速くなった。ようやく電話が繋がり、無事を確認するとフゥーッと息をつき、安堵した。その後も余震は続き、妻は都内にいる彼女の両親に預けることにした。大震災の残した爪痕はあまりにも大きく、Ｊリーグも無期限の延期を発表した。

冷静になると、怖くなった。

「どうなっちゃうんだろう。このままサッカーをやっていていいんだろうか」

ＦＣ東京は、この中断期間中に多くの義援金を募り、被災地へ届ける事を目的に松本山雅ＦＣとのチャリティーマッチを企画する。当初は本拠地・味の素スタジアムでの開催を予定していたが、計画停電の実施などから東京電力・東北電力管内以外での開催を検討。以前、ホームゲームを行った縁で、松本での開催を長野県サッカー協会に打診して実現した。ナオにとっては、どうしても出たい試合だった。松本には弟の扶が在籍し、あの人がいたからだ。

４月３日に行われた東日本大震災チャリティーマッチには、１万人を超える観客を集めた。故障を抱えていたナオはベンチ外となり、扶の出場もなかった。ただ、うれしい再会を果たした。試合前に顔を合わせると、松田直樹は「オイ、ナオ。お前松本に来いよ」と言い放った。東京の関係者が周りにいようとお構いなしだった。その粗野だけど憎めない男の物言いに、「相変わらず、マツ君は変わらないな」と笑った。

誰にも相談などせずに、ずっと１人で何かを決めてきた。だが、唯一だった。かつてＦＣ東京に完全移籍するかどうかを悩んだとき、初めて相談を持ち掛けた。それが、ほかでもない松田だった。そして、全てを見透かされたような答えに、ナオは東京への移籍を決断したのだ。

この試合は４―０で東京が勝利し、この日の募金活動では４３０万円以上が集まった。チャリティーマッチは成功に終わり、帰り支度を済ませた試合後の駐車場だった。突然、また誰かが少し離れた場所から大声でナオを呼んだ。

「ナオ、おいナオ」

振り向くと、シャワーを浴びた直後で髪も乾かぬ間に、その場に現れた松田がいた。

「待ってっからな、絶対。松本で一緒にやろうぜ。オレは本気だからな」

念を押すようなその言葉に、「もうちょっと東京で頑張りますから」と苦笑いで応えた。その視線の先で、マリノス時代から憧れてきた先輩が笑っていた。それが最後に見た、あのクシャクシャの笑顔だった。

4月に入ってようやく新居も決まり、夫婦での新生活が始まった。腰を据えてリーグ戦の再開に備えていたが、復帰と離脱を繰り返してしまう。その間に、チームはJ2屈指の戦力をそろえながらも再開前後に平山相太と米本拓司といった主力も相次いで長期離脱し、スタートダッシュに失敗。ナオはJ2に降格させた責任を背負い、ピッチで戦い続けるはずだったが、苦しむチームを観客席から見守ることしかできなかった。

5月12日に誕生日を迎えて30歳の大台に乗る中で、そのもどかしい気持ちをこう明かしていた。

「溜めに溜めているモノは、みんなと一緒に戦う中でオレらしく表現していくから、もう少しだけ待っていてほしい。今蓄えている力に自分でも期待しているし、十分に発揮できるだけの体になってピッチに戻りたい」

試行錯誤しながらも、少しずつチームは前進した。ボールをつなぐスタイルに回帰すると、徐々に上昇気流を描き始める。若手が台頭して定位置をつかみ、そこに羽生直剛が復活。母国ブラジルで一度は現役引退したルーカスが4年ぶりに復帰し、チームを後押しするカンフル剤となった。6月のJ2リーグ第16節のロアッソ熊本戦から5連勝を飾り、7月の第21節FC岐阜戦に4—0で勝利して首位に立つと、そこから2位以下に落ちることはなかった。しかしナオは復帰してからも、ベンチを温める時間が長く続いた。与えられた仕事は、限られた時間の中で結果が求められる切り札役だった。

「自分は、もうこのチームに必要ないんじゃないのか」

次第に、そうした思いが強まっていった。真剣に、チームを離れることも考え始めていた。もやもやとした感情が湧いては消えがループすると、再びけがで離脱してしまう。「どこかで、マツ君の言葉も引っ掛かっていたのかもしれない。また相談してみようか」。

そんなことも頭によぎった、8月2日。その日は、うだるような暑さだった。扶から一報を受けた。午前練習中に突然倒れた松田は心肺停止の状態で、高度救命センターに緊急搬送された。ただちに人工心肺が取り付けられたが、意識はなかった。

「いま集中治療室（ＩＣＵ）にいるんだけど、もしかしたら……」

ひどく困惑していた弟の声は、途切れ途切れになった。少し涙声にも聞こえて、事の大きさはすぐに察した。次の日、松本へと急いだ。病院に着いたのは夜だった。合流した扶は、動揺して涙ぐんでいた。「自分がしっかりしないといけない」と、2人で病室に入った。そこに横たわっていた体は温かく、眠っているだけのように思えた。「だりぃな」って起き上がってくるかもしれない。体をさすって声を掛けたが、強さの象徴みたいな男は軽口をたたくことも、あの笑顔を見せてくれることもなかった。ただ、ピッチで全力を尽くしてきた人だったからこそ、静かに闘っているようにも見えた。

答えをくれる道標は、ナオが病院を後にした次の日に息を引き取った。急性心筋梗塞で帰らぬ人となった。34歳の若さだった。

「もう越えたくても越えられない存在になっちゃった。でも、これからも、オレにとっては変わらぬ道標に変わりはない」

そう話す一方で、「これはいったい、どういうことなのか。なぜ、このタイミングなのか」と自問自答した。「最後にマツ君は何を伝えたかったのかな……」。

そればかりを考え続けた。松田が亡くなった直後の試合から再びベンチ入りし、ジョーカーとして試合に出続けた。

直面した憧れの先輩の『死』を考えた数カ月後、この世界に生まれてきた愛おしい『生』に出会った。

10月4日、僕はFC東京の小平グラウンドで練習を取材し、記事を書き終えて帰路へと着いていた。自宅近くになって携帯電話が鳴った。液晶には石川直宏と表示される。たまたまナオの妻が出産のために入院していた病院が、当時住んでいた自宅の近所にあった。電話を取ると、「近くにいるから、軽く食事でも」という誘いだった。

気遣いの男は、気付けば視線を机の上に置いた携帯電話に移し、落ち着かない様子だった。それが、おかしくて何度も笑いをこらえた。結局、食事もそこそこに「石川家にとっては特別な日だから、6日に子どもも生まれてほしいな」と言い残して、慌ただしく病院へととんぼ返りしていった。

その翌日も練習を終えると、すぐに妻のもとへと駆け付けた。その場には麻衣子の姉や両親も来ていた。家族は分娩室の隣にある待合室に通され、そこで吉報を待った。徐々に陣痛の間隔が狭まるものの、しばらくは掛かりそうだと、義理の両親たちはいったん家に帰ることになった。待合室で1人になったナオは6年前のことを思い出していた。ちょうど同じ日、病室に寝ていたのはナオ自身だった。翌日に予定されていた右膝の手術を前に、ベッドの上で不安な一夜を過ごしていた。「でも、手術当日の10月6日は親父の誕生日で、両親の結婚記念日。そんな日に悪いことが起こることなんて絶対にない」。そう言い聞かせて手術を乗り越えた。

1人になってからは、いてもたってもいられなかった。時計とのにらめっこが始まる。「もう少しで6日だな」。そうこうしているうちに、分娩室に呼ばれた。

「あと4分で日付が変わるから我慢してなんて言えないよ。とにかく早く出てきてくれ」

深夜23時56分、まな娘の産声を聞いた。2794グラムの小さな命の誕生に頬を緩ませ、それから練習後は毎日、病院に通った。

「後で子どもにも、あと4分後だったらおじいちゃんと同じ誕生日になったと話してあげられる。自分にとって特別な日はたくさんあっても、今までのそれとは少し違う。10月5日は、オレ1人だけじゃない。嫁や、子ども、家族にとっての新しい特別な記念日になったから」

そして、新米パパは、長女にいつか「お父さんは、おまえのためにゴールを決めたんだ」と言うために、ゆりかご弾を誓った。

この長女誕生に歓喜したのは、ナオの両親たちだった。「おめでとうございます」と声を掛けると、新米おじいちゃんは「いやぁ、ありがとうございます」の後に、ニコニコ顔で「女の子なんですよ」と連呼した。

次は名前だ。マリンバ奏者だった妻の希望もあり、木琴にちなんだ木ヘンの漢字を当てて樺音《かのん》と名付けた。その話をするナオは、かつての二三夫が直宏の由来を語るときと全く一緒で、それがおかしかった。

グッとくる光景は、10月19日の三ツ沢球技場に広がっていた。試合が終わって、ずいぶんと時間が経つのに、ゴール裏の歌唄いたちは声を張り上げ、一人の選手の応援歌をエンドレスで歌い続けた。その一人ひとりが両手を左右に揺らし、スタンドは波打つように揺れた。ナオは、そこに広がる光景を真っすぐに見つめていた。照れくさそうに振る舞ってみせたが、全身がプツプツと粟立ち、熱いモノが込み上げてくる。そして、「この光景は忘れない。娘が大きくなったらこのときのことを話してあげよう」と、心に刻んだ。

0—0で迎えた試合終了直前、ゴール正面約20メートル。目の前で高く弾んだボールに向かい、右足を振り上げた。糸を引く弾道は、ゴール右隅へと吸い込まれていく。ネットが揺れた次の瞬間、「頭が真っ白になった」。無意識に叫び、左コーナーフラッグへと激走した。遅れて次々と仲間がそこに飛び込み、もみくちゃにされた。「そしたら、ナオさんゆりかご」と、誰かが言ってハッと気づいた。歓喜の輪が解かれ、横一列に並び、あの〝ゆりかご〟ダンスが始まった。スタジアムが一体となって、娘の誕生を祝福してくれているようだった。

「けがから復帰しても途中出場が続き、もどかしさもすごくあった時期だった。この状況が続くようであれば、正直、移籍も考えないといけないと思っていた。そのモヤモヤがずっとあったけど、一番の目的は1年でのJ1昇格という答えを自分の中で見出せた。そのため、たとえ途中からであっても、自分の力を出し尽くそうと決めた。長女が産まれて、またここからだというときだったから。0―0という苦しい状況で呼ばれて、ヨッシャここだって。あのゴールが取れて良かった。大きくなったら見せるよ、何度でも。『パパ見飽きた』って言われない程度にね」

その試合後、少し瞳が潤んでるように見えた。「泣いたんでしょ」と茶化すと、「オレ、泣いてないよ、ちゃんとこらえたから」とムキになって否定した。

「だけど、あんな光景はみたことがない」

涙をこらえて笑顔をつくった。忘れえぬゴールがまたひとつ増えた。その勝利でチームは7連勝を飾り、J1昇格へのカウントダウンに入った。


1カ月後の11月19日、第36節ガイナーレ鳥取戦を迎えた。勝てば昇格が決まる中で、チームは5―1で大勝する。その歓喜の輪の中にナオの姿はなかった。試合前日から持病の偏頭痛がうずき始めた。少し寝て、また起きて時計を見る。それを繰り返していた。試合結果は、友人からの祝福メールで知った。「おめでとう！　ところで、何でいないの？」の文字に、「何やってんだよ、オレは」とへきえきとした。

「昇格を知ったのはベッドの上だった。あれほど悲しいものはないよね。オレ、何を試されてるのっていろいろ考えて、それでまた頭が痛くなったよ」

チームメートがホテルに戻ったころ、ようやく頭の痛みも落ちつき、食事会場に顔を出した。

リラックスした雰囲気で、選手、スタッフ全員が安堵の表情を浮かべていた。

「一人ひとりが深く考えるようになったし、それぞれの思いの強さも感じた。みんなで背負えるチームになってきたと思ったよ」

仲間たちを頼もしく思えたが、本音を言えば、うらやましかった。

「降格した試合でベンチにも入れず、本当は開幕から充実感を味わい続けてＪ１に復帰したかった。このメンバーとたくさんのことを経験したかったし、一緒に苦しみたかった」

終わってみれば、リーグ戦の出場は23試合あったが、皮肉交じりに「Ｊ２のＡ契約条件（９００分）にも満たないよ」と言った。それまで真面目で控えめな選手に代わって自分が前に出ないといけないと思ってきた。それがＦＣ東京での自分の存在意義だと感じていた。だが、年齢を重ね、周りも成長した。必ずしも自分が先頭に立つことはないと考え、踏み出す足を止めた。

「チームの中心だというプライドを持って戦ってきた。活躍して必要とされたい。だけど、11年はそう思えない時期が続いた。必要とされなくなったら、オレはこのチームを去るときだと思う。それぐらいの覚悟はある」

その思いは、日増しに強くなっていた。自分への期待を失ったわけではない。サッカーの奥深さを再認識する機会は増えている。

「年を取ると、サッカーが楽しくなるって言われてきた。実際に、そのとき、そのときで感じたり、得たりするものも大きくなってきたように思う。先が見えているわけじゃない。だけど、自分が行き着く先に興味が湧いてきたよ」

左膝をかばうあまり、知らず知らずのうちに別のところに負担が掛かり、それが新たなけがにつながっていた。また這い上がるために、「起こることには必ず意味がある」。だからこそ、自分の体と徹底的に向き合い続けた。このうねりはきっとどこかに繋がると信じていた。「自分はまだ終わっていない。その姿を見せるんだ」。

J1昇格を決めた後、ボーナスステージが待っていた。待ち続けたチャンスは「ここだ」と思った。勝ち上がっていた天皇杯4回戦の水戸ホーリーホック戦で先発復帰し、勝利に貢献すると、続く準々決勝の浦和レッズ戦では貴重な決勝ゴールを奪った。準決勝ではセレッソ大阪を下し、元日決勝の舞台へと駒を進めた。

「ぬるい」

そう吐き捨てるように言った1年後にたどり着いた舞台だった。12年1月1日、国立霞ヶ丘陸上競技場のピッチに立った。

澄んだ空気を目一杯吸って、J2リーグで溜めに溜めた鬱積《うっせき》したものを吐き出すように、聖地でFC東京は躍動した。京都サンガF.C.に1点を先制されながらも、その強さが際立つ圧巻のプレーで観衆を沸かせ、4―2で圧倒した。

天皇杯初優勝――。そして、初のAFCチャンピオンズリーグ（ACL）への出場権を獲得。これ以上ない筋書きで、J1復帰という最大のミッションを完遂した。

「シーズンの最初からチームの力にはなれなかった。自分の思うパフォーマンスとは程遠いプレーしか表現できないもどかしさ。そうした中でも、チームとして達成すべき目標がはっきりとブレずにあった。おかげでうまく自分なりに整理しながらできた。自分と向き合う時間や、その密度は今まで経験してきたこととは全く違うモノだった。1人だけでは目標を達成することは難しい。そんなことは十分に理解しているけど、身の回りで起こったこと、変化もまたいつも以上に多かった年の中で改めて気づかされることもあった」

石川直宏のサッカー人生とは別に、その人生のターニングポイントとなる年があったとすれば、この2011年だったかもしれない。自分の身の回りで得たことも、失ったものもあった。その全てがかけがえのない経験だと、知った。

それをどう生かすべきなのか――。

今まで自分を成長させてきたのは、内的要因だった。とことん自分と向き合うことで、それを成長という名の糧にしてきた。だが、外的要因もまた同じだ。外から得たものを内に取り込むことで、またそれを自らのエネルギーとして蓄える。

「すべては繋がっているし、すべてを繋げていきたい。ただ、起こることを次に繋げていくには自分が納得する形でしか繋がらない。納得する中で、また前に進み続けるためにも、今まで以上に自分を客観的に見つめることができなければいけないし、自立がもっと必要になる。苦しんだら苦しんだ分だけ、より太く、強く、逞しく、その先へと繋がるはず。その時々で、渦巻いて絡まってもがいているように感じるけどね」

全ての矢印は常に内側に向けてきた。文句を言うでもなく、起こること全てが自分にとって何かを示す道標なのだと思えた。そうなった人間は強い。それを、僕は彼から教わった。

11年の天皇杯優勝での活躍が認められ、翌年には日本代表へと返り咲いた。当時のトレーナーたちは、こう口をそろえて言った。

「ナオには頭が下がります。絶対にサボらないし、こっちがストップをかけなきゃいけないくらい。今の筋肉量はチームで一番ですよ」

左膝の切れかかった靱帯で戦える体を一からつくり上げたのだ。

12年から新たに就任したランコ・ポポヴィッチ監督は、握った右手の拳を人さし指から順に、中指、薬指と立てて、こう言った。

「あと3割だ。まだ石川直宏には、眠っている30％の力がある。ナオは、もっと成長できるはずだ」

そうした言葉も支えとなった。その年初参戦したACLでは16強に進出したが、強大な戦力をそろえた広州恒大にあと一歩及ばなかった。そのとき、財布の中にあった中国紙幣は換金せずに、「また戻ってきたときに使うために」と手元においた。

見渡せば、日常は刺激にあふれている。家に帰れば、子どもの笑顔に癒やされ、それが力になった。どう生きるか——。そこにたどり着いたのだ。

『世の人は我を何とも言わば言え
我が成すことは我のみぞ知る』

高知が生んだ偉人・坂本龍馬の名句だ。

きっと石川直宏はそういう選手になったのだ、と。そんな話をすると、「うーん」と間を置いて「『我のみぞ知る』だと、どこか孤独じゃない」と言った。

「幸いなことに、オレは自分を表現できるピッチという場所があって、共感してもらえる人たちがいる。だから『我たちのみぞ知る』なんだよ。どう思われても、自分のやり方は変えない。これまでと同じように、瞬間、瞬間でマイナーチェンジを繰り返していく。そうすれば、必ず変わるべき姿になっていくはずだから」

利他であるからこそ、周りの評価などどうでもよくなっていく。心のどこかで評価を気にしてしまい、自分と向き合うことなく、外へと矢印を向けてしまえば、それは利己の域を脱していない。だが、利己的な行為のつもりでやってきたことが、知らぬ間に誰かを助けることだってある。

それをナオは壁を乗り越える度に、何度も目の当たりにしてきた。

「勇気をもらった」

「ナオのプレーが見たかった」

「一緒に戦えて良かった」

その一つひとつの言葉で前を向くことができた。自分と同じ時間を共有した、仲間や家族と一緒になって成長してきたというのだ。そして、守るべきものも増えた。

だからこそ、「我がなす事は我たちのみぞ知る」と、自分の信じる道をまっすぐ駆け抜けることができたのだろう。

自分が「これだ」と考える決断に基づいて行動し、その責任を一身に受ける。その繰り返しの、その身をザクザクと削るサッカー人生だ。誰にだって悔いはある。だが、その身を燃やし、自分を信じて生き抜く生涯を誇りに思うと口にする。信念に殉ずる生きざまに、人は惚れ、自らをまたそこに投影したくなるのだろう。

同い年だからこそ、素直に思う。「悔しいけど、カッケーな」、と。

このころは、復活の福音が、また聞こえてきたように思っていた。だが、それは違っていた。

左膝に埋まったままの時限爆弾は、そのときを静かに刻んでいた。

第11章

©F.C.TOKYO

2013-2017

You'll never walk alone

引退を決めて、ようやく先が見えた

あるがままに、そして素直に

がきんちょのころの話だ。言い合いになると、すぐにこう言ったり、言われたりしてた気がする。

「それって命懸けられる？」

相手を口ごもらせるために使う最後のマジックワード。そんな言葉を連発していたはずなのに、いつからか使わなくなった。実際に、命を懸けるほどのことでもなかったはずだし、それを口にするのが恥ずかしくなったのか——。理由さえもよく覚えていない。

だけど、大人になってから、命を懸けて目の前のボールを追い掛ける男に出会った。

ナオは「これを聞いたときに、スゥーッて入ってきたんだよね」と言って、携帯電話にメモしたフレーズを読み上げた。

『宿命に生まれ、運命に挑み、使命に燃える』

それは、沖縄県名護市の万国津梁館にある小渕恵三・元総理大臣の記念碑に掲げられた言葉だった。宿した命に耐えてきた少年時代。周りとの成長速度の差に、いつも悩んできた。夢をかなえてプロサッカー選手となった後は、その命をどう運ぶかに心を砕いた。そして、見つけた命の使い道。丁寧に生きることを、彼は18年間に及ぶ選手生活の中で学び続けた。

サッカー選手は2度死ぬ――。

自ら幕を引く覚悟を決めたとき、その思いや、弱い姿は誰にも見せないと思っていた。知られざる苦悩と、葛藤をここで初めて明かす。

2013年9月30日に、次女の結愛《ゆあ》が誕生し、守るべきモノがまた一つ増えた。その一方で、ベテランと形容されることへの抵抗感も小さくなりつつあった。気づけば「ナオ」と可愛がられていた若手も、すっかり「さん」づけが板についていた。

このころ、「最近、みんなの顔を思い出す」と言い、かつてクラブに在籍した選手たちの名前を挙げた。「哲さん（伊藤哲也）、下さん（下平隆宏）、土肥（洋一）さん、フミさん（三浦文丈）、フジさん（藤山竜仁）、サリさん（浅利悟）、ミヤさん（宮沢正史）、戸田（光洋）さん、（金沢）

浄さん、ノブさん（川口信男）……」。試合に出られないときに、妥協することなく練習に取り組んだ先輩たちの姿を思い返した。

「みんなどんな姿で何をしていたかを思い浮かべる。オレも自分にしかできないことをこれから探していかないと」

だが、翌14年は、頭で思い描く姿とは程遠く、日増しに吐き出す息を長くしていった。

「ひざをかばって足首を痛め、そこから腰を痛めてしまった。もう憂鬱でしかたがなかった」

古傷の腰椎椎間板ヘルニアを再発させ、シーズンの大半を棒に振った。抑揚のない毎日が続く。門扉を抜けて駐車場に車を停め、ロッカーで着替えを済ます。トレーニングルームのドアを開け、そこで体を解す。そして、チームメートが声を張り上げてボールを追い掛ける脇を淡々と走った。いら立ちを抑え、青信号になるときを待ちわびた。この年のリーグ戦の出場は、たった3試合。出場試合数が二桁にも満たないのは、実にルーキーイヤー以来となった。

このシーズン途中に、ナオに取って代わるように、プロ1年目の若手がブレークを果たす。武藤嘉紀はマッシモ・フィッカデンティ監督のもとで定位置をつかみ、そのままチームのトップスコアラーに踊り出る。さらに、そこから日本代表へと登り詰め、一躍スターの階段を駆け上がった。

「こういう選手に世代交代されるのかな」

実力の世界だ。このクラブをけん引する新たな存在として「ヨッチ（武藤の愛称）は適任かな」

と思っていた。

だが、老け込むつもりもなかった。けがさえ治せば、まだまだプレーできる感覚はあった。かつての佐藤由紀彦がナオに抱いたように「共存できる」とも考えていた。

「まずはけがを克服して、一年間戦える体をつくり直そう。体の構造を一から学び直して、メンテナンスもしようと考えていた」

1年が終わり、15年シーズンを前にオフの過ごし方を変えた。関節周辺の可動域を広げ、凝り固まった筋肉を解すことに重点を置いた。そうしたトレーニングによって柔軟性も増し、スムーズな体の動きを手に入れた。けがの不安も軽減され、「これなら戦える」という手応えもあった。口にする言葉は「正直、重くなる」。そしてこう続けた。

「チームに貢献できなければ、今後のサッカー人生も変わってくる。もうやりきるだけだと思う。ちょっと重いかもしれないけど、やることは明確だし、シンプルになってきた。やりきった後に、答えは出る。それはやる前には誰にも分からないことだから。もしも、チームに必要とされないなら、このクラブを去るときが来たのかもしれない」

腹を括って臨んだ新シーズン。ナオは新境地に挑んだ。ポジションを右サイドから最前線に移し、桜舞う季節に、背番号「18」がピッチに咲き誇った。

4月4日のJ1リーグ第4節ヴァンフォーレ甲府戦では武藤と2トップを組んで出場した。その一戦で、13年11月30日の柏戦以来となる得点を挙げたのだ。13年9月21日の名古屋戦以来となるリーグ戦での先発に、試合前から思わず「気持ちいいな」と声が漏れる。当たり前の感情が湧き出てくる。「これでゴールできたら最高だろうな」。

その思いは結実する。前半15分、最終ラインの背後へとタイミング良く飛び出ると、そこに米本拓司から絶妙な浮き球のパスが通った。

「スペースに出るまでは意識したけど、そこから先は体に任せた」

ワントラップした瞬間、前のめりな気持ちが消える。何千、何万本と打ち込んだシュートは体に染み付いていた。無心で左足を振ってネットを揺らした。そして、歓喜の輪が解けると、左胸のクラブエンブレムをたたいて青赤に染まるゴール裏の観客席に高々と手を挙げた。

「しんどいときから、ずっと形にしたいと思ってきた。辛抱強くやっていたら待っているからね、こういうご褒美が」

苦しみの数だけ、喜びの味も知っている。この日は、まな娘二人と初めて入場した。そんな記念日に、特別なゴールを奪えた。試合後は、自然と笑顔になった。

「やっぱりいいよね。一度味わうと、また思うんだよね。何度でも味わいたいって」

少しも衰えは見えなかった。その後は小さな負傷を繰り返したが、体にキレもあった。「しっかりコンディションを整えればいける」。それは、久しぶりの感触だった。

その夏、武藤はドイツ1部マインツへと活躍の場を求めた。すると、フィッカデンティ監督は2ndステージ以降、ナオをそのままFWに起用する。

「逆の意味で注目を集めることになる。ヨッチは、良い意味で置き土産を置いていってくれた。そうした中で新たな攻撃の形を見せたい。FWの面白さも分かってきた。今は、自分の力を発揮するにはこのポジションの方がいい。ここからゴールも取って成長していきたいね」

そう語り、さらに言葉を重ねた。「ヨッチは自分たちの前で、どんなに苦しい内容でも、点を取って勝つ姿を表現してくれた。自分も結果を出してチームを引き上げていきたい」。復活の福音は、確かに聞こえ始めていた。再び青赤をけん引する姿を想像し始めていた。

しかし、ついにそのときは訪れてしまう。

武藤が去った直後の夏、クラブはドイツ・ヘッセン州最大の都市フランクフルト・アム・マインへの遠征を行った。日本代表MF長谷部誠、乾貴士（当時）が所属するドイツ1部アイントラハト・フランクフルトからの招待に応じ、「フランクフルト・マイン・ファイナンス・カップ2015」に出場するためだ。FC東京のユニホームを着て臨む、ヨーロッパでの親善試合。旅支度をするときから気分が高揚した。

試合当日の8月2日、朝目覚めると、同部屋の前田遼一に倣って散歩に出掛けてみた。「普段は散歩なんてしないんだけどね。せっかくだし、オレもたまには行ってみるかな」と。その後、朝食を取り、リラックスした雰囲気で、それぞれが身支度を済ませて移動のバスに乗り込む。試合会場のコメルツバンク・アレーナへと到着すると、そこには壮観な景色が広がっていた。フランクフルトにとっては、ブンデスリーガの新シーズン開幕直前のテストマッチ。新チームの仕上がりを見ようと、地元サポーターでスタジアムはあふれ返り、5万人を超える観衆が集まった。

「この満員の観客の前でプレーしたいってワクワクした」

ナオは、前半をベンチで過ごした。前田が先制点を決め、さらにネイサン・バーンズが追加点を挙げる。ウォーミングアップから体もよく動いていた、自分が試合に出て活躍するイメージが膨らむ。

「先に出た2人がゴールを決めたし、あの雰囲気でしょ。もう試合に出たくて仕方がなかった」

ハーフタイムに声が掛かり、中島翔哉と共に交代でピッチに立った。その数分後だった。自陣からの浮き球にジャンプして体を伸ばす。「体が軽くて、フワッと浮いた」。だが、ボールは頭上を越えて、背後の選手にクリアされてしまう。着地した瞬間、「下が少し緩いのもあったから」ひざがクンッと内側に入るのがわかった。その瞬間、左膝からバキッと音がした。

「今まで前十字をやったときは痛みに耐えきれず、その場に倒れた。でも、音はしたけど、痛みはなかった」

そのままプレーを続行した。だが、すぐに異変に気がついた。思うように体が動いてくれない。普通に歩くことはできたが、「あれ、おかしい」と、何かが引っかかった。だから、「すぐに代えてくれ」とベンチに伝えた。交代でピッチを退き、すぐにドクターの触診を受けた。だが、その場では原因が判明しなかった。

「前十字を痛めた直後は筋肉が強張っていて、チェックしてもすぐにわからないことがある。だから、力が抜けた状態でもう一度触診を受けることになった」

試合後、宿舎に戻って再診を受けることになったが、移動のバスに乗った直後から徐々に左膝に痛みが出てきた。ホテルに戻る頃には膝回りが腫れ上がり、青ざめた顔で「これ、ダメかもしれない」と、チームメートに声を掛けていた。その後、治療部屋となっていたマッサージルームにトレーナーとドクターを訪ねた。

「もうね、感覚でわかった。前十字靭帯がしっかりとしていれば、コツンと止まる感覚がある。でも、切れていると、止まらずにグニュッてずれる。まさにそういう感覚だった」

腫れを抑えるために溜まった血をその場で抜くと、鮮やかな赤色が流れ出た。「色がくすんだり、濃かったりすると、以前のけがによる可能性もあった。だけど、そうじゃなくて切ったばかりのフレッシュな血だった」。血の色で全てを理解した。「マジか……」。

隣では、榎本達也がマッサージを受けながらナオとドクターのやりとりを見ていた。

「ダメだ、エノさん。オレ、前十字切れたみたい……。もう無理だ」

榎本は、「そっか……」と言って続けた。

「でも、ここから手術しておまえまたやるんだろ？　すげぇな、ここから復活したら、また強くなっちゃうな」

「リハビリ、半端なくつらいんですよ。もうこの歳じゃできないですよ」

気持ちが落ち着かないまま、日本で待つ妻に連絡をしようと携帯電話を鳴らした。その8月2日は、麻衣子の誕生日だった。夫からの連絡に、喜んで電話を取った。第一声は、「マイちゃん、やっちゃったよ、オレ」という笑い声だった。

その声色と、言葉で、「バースデーゴールを決めてくれたの？」と聞き返す。

「いや違うんだよ。膝やっちまったよ」

真逆の言葉に、妻は一瞬言葉を失ったが、引退も覚悟していることを理解し、「気をつけて帰ってきて」と電話を切った。

妻との電話を終えても頭の整理がつかないまま部屋に戻り、前田を「付き合ってよ」と、誘った。

「断れるやつじゃないなと思った」という前田は「ああ、行こう」と二つ返事で一緒にホテルを出た。

当時、ドイツでプレーしていた横浜F・マリノスユース時代のチームメートの中居時夫と合流して食事へと繰り出した。

ついにトリガーが引かれた。切れかかった靭帯と、5年間付き合ってきた。隣り合わせの恐怖を飼いならしてきたからこそ、覚悟は決めてきたつもりだった。

「もう、そのときはやめようと思っていた。これは無理だと思った。せっかく良い形で体がフィットしてきていたし、ドイツでもコンディションは悪くなかった。これからどうしようか悩むところはあった。だけど、まずは待つしかない。サッカーを続けるにしても、辞めるにしても、手術はしないといけないから」

試合翌日の朝を迎え、大金直樹社長から声を掛けられた。明言したわけではなかったが、「残りのシーズンでの復帰も無理だし、もう厳しい」とだけ告げた。それを聞いた大金からは、「もう一回ピッチに立ってから引退してもいいんじゃないのか」と、諭すように言われた。

飛行機に乗り、帰国の途に着く。腹は括ったつもりだったが、もう一人の自分が「まだやれることがあるかもしれない」とささやく。ふとした瞬間、松田直樹の顔が浮かぶ。「マツ君ならどう考えるんだろう……」。

羽田空港の滑走路に降り立った機内から窓の外を眺めた。「外は、暑いんだろうな。そう言えばきょう何日だっけ」。携帯の電源を入れ、8月4日が表示される。

「マツ君の命日じゃん」

日差しが照りつけ、地面から立ち上がる陽炎の中に松田の姿を見た気がした。このときのナオと同じ34歳で、この世を去った兄貴分が迷うナオに語り掛けてくる。

『治るけがなのに、自分からやめるなんて超ダサいじゃん。そんなんでいいのかよ』

飛行機から降りる頃には、すっきりとした気持ちで前を見ていた。「もう一回リハビリして復帰しよう」、と。再び手術台に向かう直前、ナオはこんな言葉を残していた。

「左膝の靱帯は、よく持ってくれたと正直思う。お疲れさんというか、それまで残っていた靱帯に感謝しなきゃいけない。この年齢でそういうことが起きて、良かったと思える。もう少し早かったり、遅かったりしたら、また違う選択肢を探していたと思う。ああしよう、こうしようというよりも、起きたことを自然体で受け入れて、その結果どうなるかはわからないけど、ダメならダメでしかたがないし、良かったら良かったで次が見えてくるはずだから」

オペで左膝を開くと、靱帯は完全には断裂してはいなかった。そこで、それぞれの医師によって見解が分かれた。靱帯を再腱すれば、復帰までの時間もそれだけ伸びる。「年齢を考えれば、保存療法を選択してもいい」というドクターもいた。

「でも、オレはチャンスだと思った。これだけ緩い膝に苦しんできたからこそ、34歳だったけど、もう一回クリアになって生まれ変われると思った。そういうふうにモチベーションを持っていった。散々苦しんできた。あのシュートの感覚が戻ったら、また09年のときのようにプレーできるかもしれない」

それまで無理を重ねてプレーしてきた代償は、決して小さくなかった。自らが思った以上に、左膝はボロボロになっていた。膝周りの半月板や、軟骨も無理がたたったせいでずいぶんと痛んでいた。残せるところは残して切除しつつ靱帯を再腱したが、削った患部の骨と骨がぶつかり、それが新たな痛みとしてナオを悩ませた。

思いとは裏腹に、経年変化した体との付き合いは苛烈を極めた。それまでどんなにつらくても、「この壁を乗り越えれば、また新たな自分を発見できる」と自らを肯定して歩んできた。しかし、09年に負傷して以降の積み重ねをいったんゼロに戻さなければいけない。それは、不断の努力を否定することにもなる。

「そこは捨てなければいけなかった。復帰することが大前提だから、こだわっていれば復帰はできないと思っていた。すぐに割り切れた？　いや、割り切れないよ」

途方に思える作業の連続だった。診断された全治期間に沿って、リハビリメニューを一つずつ消化していく。だが、快方に向かったかと思うと、また痛みがぶり返す。その繰り返しだった。

「サッカー選手にとってはピッチにいることが日常なのに、オレは非日常を長く過ごしている。

だから、今起こっていることを日常へとつなげていきたい。ピッチの上にいる選手たちにとっては正直、知らなくてもいいことではあるんだけどね。でも、知ったからにはという思いがあるんだよね」

少しでも良くなるならと、何でもやった。ありとあらゆることをやり尽くした。そうやって、約1年に渡るリハビリからピッチへと帰ってきた。

2016年9月19日、FC東京U－23の一員としてJ3リーグ第22節ブラウブリッツ秋田戦で、復帰後初めて公式戦のベンチに座った。先発メンバーの平均年齢21歳という若い選手たちに交じって、オーバーエイジ枠で後半21分から途中出場した。試合会場となった味の素スタジアムには、3000人を超える観客が集まり、ナオの復帰を祝った。試合も1－0で勝利し、ようやくスタートラインに立ったはずだった。

「感覚的にも決して悪くなかったけど、秋田戦の後に痛みが出てきた。でも、これは乗り越えなきゃいけないものだと自分に言い聞かせた」

2、3日経てば引くと思っていたが、いつまで経ってもいっこうに痛みは消えなかった。続く25日の鹿児島ユナイテッド戦もベンチ入りメンバーに招集され、前日に鹿児島へと移動して前泊先のホテルに入った。そこでトイレの段差を乗り越えようとしたときだった。足を上げようとしたが、痛みでうまく足を上げられなかった。「大丈夫なのか」と、不安を抱えたまま試合当日を迎える。出番は思いがけず、すぐに回ってくる。後半開始から途中出場でピッチに立ったが、まるで体が重りを背負ったかのように感じた。若手を引っ張る存在でなければいけないはずなのに、チームに全く貢献できなかった。

「その年のJ3で最悪の試合内容だった。何もできないまま、チームも負けてしまった。流れを変えるのが自分の役割のはずなのに、何やってるんだって思った。チームに貢献するためにやってきたのに……」

左足をかばうあまり、逆足にも大きな負担が掛かった。片足で踏ん張り続けたため、右アキレス腱も痛めてしまう。試合は0—1で敗れ、その日のうちに帰京してクラブハウスへと戻ってきた。そこから自宅へと帰らなければいけない。だが、想像を超えるほどの痛みが、熱を放射するように左膝から湧きでてくる。車に乗り込むまでは良かったが、そこからの帰路は地獄のドライブとなった。ギアを変える度に、「ウオーッ」と叫びながらクラッチを踏む。そうでもしないと、左足には力が入らなかった。

その試合を機に、自己肯定感の高いはずの男にらしくない感情が芽生える。

「自分でもびっくりしたよ。眠れない、飯も食えない。それまで見なかった夢を見るようになった。ピッチに立てない状況なのに、試合をしている夢を見るようになった。夢の中で、オレは走っている。でも、スピードを上げているはずなのに、一人だけスローモーションになる。周りは当然、『あいつ何やってんだ』ってなる。それを毎晩見ていた」

それはひた隠しにしたつもりだった。自宅でも変わらず笑顔で振る舞ったが、真っ先に妻が気づいた。ナオの体調管理や、体の変化にはいつも気を遣ってきたからこそ、その異変を敏感に察知した。ただ、誰かに相談できるわけではなかった。麻衣子も悩みを抱え込みながら日々を過ごしていたが、一人では抱えきれずに夫には内緒で「どうしたらいいと思いますか?」と、ナオの親友に連絡を取った。

子どものころから、ずっと一緒にいた幼なじみの高木も、その連絡を受けて複雑だった。会う度に膝をさすって、「痛いんだよね」と話を聞いてきた。だから返事に困ったが、「オレもサッカーは続けてほしい。だけど、日常生活に支障を来すようなら引退を勧めるのも一つの考え方かもしれない」とだけ麻衣子に伝えた。

僕が、高木から連絡を受けたのは、秋も深まるころだった。「最近どう?」と始まった会話は当然ナオの話になった。

「ナオから何か聞いてない?」

「いや、どうしたの?」

「うーん……」

察しはついたが、「本人から聞いて」と言われ、「わかった」とだけ答えた。それから間もなく、ナオから「ちょっといい」と呼び出された。

「膝以外どこも悪くはない。完璧に近い状態かもしれない。でも、こいつだけが言うことを聞いてくれない」

そう言って左膝を打つと、視線は落としたまま「いろいろ考えたけど、今年で区切りをつけようと思う」と言った。

返事に困ると、お構いなしに言葉が重なった。気がつけば、いつかのように長い影が地面と同化し、身につけた服は色を失っていた。20代の頃から繰り返してきた日常に懐かしさを覚えた。と同時に、こうと決めたら翻意することがない性分だとも知っている。

「また話そう」

そう言って別れ、そこから何度も同じことを繰り返した。

年が明けても、ナオは自問自答を繰り返していたが、最終的には踏みとどまった。それを伝えたのは、17年1月8日に開いたファンミーティングの場だった。自分のために集まったサポーターに向けて「どうにか治して味スタのピッチに立ちたい」と伝えた。その言葉に家族や近しい友人たちは、２つの感情で揺れた。

「もう一回、ピッチに立とう、覚悟を決めてやろう。そう決めたからにはファン、サポーターに伝えなきゃいけないと思った。家族にも、誰にも言っていなかったからビックリしたと思う」

ラストイヤーは、こうして幕を開ける。FC東京は、この年の開幕前に次々とビッグネームの獲得に成功する。一躍ストーブリーグの主役になると、優勝候補の一角に挙げられた。だが、ふたを開けてみると、リーグ序盤こそ上位争いを演じたが、徐々にチームは失速。気づけば、いつもの中位に甘んじていた。

チームが揺れる中、ナオは復帰の目処も立たぬまま、毎日を過ごしていた。眠りの浅い夜をいくつ過ごしたのか――。「自分はこのままクラブにいていいのか。何もチームに貢献できていない選手が、契約があるからといって居座ってもいいのか」。そう思うと、また長い夜が訪れた。

努力賞なき道を進む。この2年、サッカー選手なのに、ボールに触れた時間はほんのわずかだ。ストレッチに始まり、呼吸のトレーニングも試した。やり残しがないようにチェック項目は埋まっていく。それでも、もう一度、ピッチで歓声を受けるために、最後に残った選択肢は一つだった。

17年6月21日、天皇杯2回戦でJ3のAC長野パルセイロをホームに迎えた。FC東京は、格下相手に先制点を奪いながらも試合終盤に追いつかれ、PK戦の末にまさかの敗戦を喫した。

「このまま終わりたくはなかった。自分にも何かできることがあるかもしれない。手を尽くしたからこそ、自分がやっていないことは一つだった」

そう思い立つと、誰にも相談することなく行動に移した。オフ明けのミーティング終わりに、「話があるんですけど」と、大金社長に声を掛けた。

「今シーズン限りで現役を引退します」

退路を断つことで、前へ進むと決めた。自らの思いを伝え、それに大金も頷いた。最後に何が伝えられるか——。

「自分がいる意味もないと思った。覚悟を持ってやらないと、このまま復帰できないかもしれない。そのときにはふっ切れていた」

そこから可能な限り、家族や、お世話になった人たちに17年シーズン限りでユニホームを脱ぐことを伝えた。「チームがバラバラになっている今、自分が辞めることでまた一つになるきっかけになってくれれば。自分が決めた以上、最後に試合に出たいと思っています」。誰もが「ナオらしい」「おまえらしい」と言ってくれた。

約1カ月掛けて行った引退報告の中で、妻に伝えた言葉だけが他とは少し違っていた。

心配ばかり掛けた麻衣子に、どう伝えるかは決めていなかった。緊張はしなかったが、あらたまって話す気恥ずかしさはあった。「マイちゃん、話があるんだけど」と言うと、少しの間を空けて口を突いて出た。

「もう、オレ無理だ」

言葉は少なかった。ナオは、そのまま妻の肩に頭を乗せた。

麻衣子は触れ合う肌から夫の体が少し震えているのがわかった。いつも自分や子どもたちの前でも笑顔を絶やさなかった、初めて見る夫の弱い姿と、初めて聞いた弱音だった。それを思い出す度に、麻衣子は胸が締め付けられるという。

「私と結婚してから、つらいことのほうが多かったのかもしれない。私と結婚しないほうがナオさんにとっては良かったのかもしれない」

口にはしてこなかったが、彼女にはその葛藤がいつもあった。


そして、8月2日。震える手で、オフィシャルサイトの更新ボタンに手を掛けた。『今朝は皆さんにご報告があります』と書き出し、現役引退の経緯と思いをファン、サポーターへと報告した。その中で、こう綴った。

「時に強がりで、時に自分の都合の良い形で言い聞かせている部分もあると思うけど、今まで起きてきたネガティブな事も全部ひっくるめて『起こる事全て善きこと』だと思いながら、思わせながら無理やりにでも繋げてきた。だからこそ今の自分の姿があるのだ、と。だからこそ、約18年間のプロサッカー選手のキャリアの中で最大の難所を本能剥き出しで自分らしく乗り越えて、今まで肯定し繋げてきたものを、さらに肯定できるモノに繋げる。

これは決して強がりではなく、覚悟を決めた人間に怖いものや不安はなくて。これでダメならそれまでの選手だった、と。そのときは、その時でまた振り返って前に進めばいいし、だからこそ今はどんな状況になろうとも楽しみでしかない。そのときに見える景色が自分が繋げてきたからこその景色だろうから。1分なのか、5分なのか、10分なのかは分からないけど、ピッチに立つ事でスタジアムの雰囲気が一変しこれまで積み重ねてきたものがその時間にグッと凝縮され、その限りある時間の中で躍動し結果に繋げる姿が必ずあるはず……。そんな姿を、共に戦ってきたファン、サポーターのみなさんをはじめ、これまで支えて下さった多くの皆さんに選手としてできる最後の恩返しと、感謝の気持ちとして伝えたいと思っています。振り返るのは全てを出し尽くしたシーズン終了後にしたいと思います。とにかく今しか出来ない、今しか感じられない思いを自分の中にだけでなく、多くの仲間と共に刺激し合い共有しながら突き進みます」

その足で小平グラウンドへと向かい、現役引退発表記者会見を行った。引退を発表するなら、この日だと決めていた。それは、あの日を良き思い出に変えるためだった。晴れやかな顔で、言葉を選んで思いを語った。

「2年前の15年8月2日、フランクフルトとの親善試合のときにけがをして、そこからリハビリがスタートした。自分の中でこの日は、けがを負った日でもあるけど、次の一歩を踏み出せたという日にしたかった。そして、マイちゃんの誕生日でもある。その日に引退会見というのは、どうかなとは思ったけど（笑）。でも、忘れられない日になると思ったし、全てをひっくるめて良いものに変えていきたいので」

なくならない思いがあるから涙はなかった。出会った人を笑顔に変えたい。そう思ってきた男だ。だから、その言葉を聞いて僕は「いつも泣いてた、一番身近な人を笑顔にしたいと思ったのだろうな」と、麻衣子の泣き顔が頭に浮かんだ。

「長く愛される選手ってどんな選手なのかなっていつも考えてきた。たとえばオレのドリブルが好きになって、それを入り口にずっと見守ってきてくれた人たちがいた。ここまでの過程でけががあったり、うまくいかないときにもがき苦しむ姿も全部見てくれた。もしかすると、わがままに映ったかもしれない。でも、そこには熱と思いがあったし、どんな壁にぶつかっても、ぶち破って次につなげた。もっとスマートなやり方も、きっとあったのにね。大好きなサッカーで、そんなオレに共感してくれる人を笑顔にできるなら、どんな代償を払ってでも思いを形にしたい。プロになりたてのころに描いた思いのままで、ここまできた」

プロサッカー選手としての最後の目標が決まった。12月2日のJ1リーグ第34節ガンバ大阪戦に出場する、目指す場所が明確になったからこそ、気持ちが上下左右に揺れることもない。「あるべき姿を見せたい、ってなった。そこに至るまでの時間は、本当に長かった。先が見えなかった。先を見ようとしたらダメだと思った。でも、引退を決めて、リミットが決まった。そうなると、ようやく先が見えた」

試合1カ月前から徐々に全体練習へと加わる。唯一、心に引っ掛かっていたのは、「散々ポジションを奪えと言ってきたのに、最後だから試合に出るんだって周りに思われないようにしたい」ということだった。

「パフォーマンスを上げることだけを考えていた。1カ月前に復帰して一番は離脱しないようにプレーしながら、自分のパフォーマンスを上げていく。その難しさはあった。でも、不思議と練習すればするほどコンディションは上がっていった」

試合2日前の練習に行われる紅白戦で、ベンチ入りメンバー18人がほぼ決まる。ウォーミングアップが終わり、恐る恐るメンバーが書かれたホワイトボードをのぞき込んだ。まずサブ組に自分の名前を探したが、そこにはない。

「その前の週は、サブ組にも主力にも名前はなかった。でも、それが最終節前の紅白戦で、サブ組に名前はなかった。メンバー外にもいない」

「もしかして」と思って見た先発組の中に『石川直宏』がいた。「周りの選手の顔は見られなかった」と言う。もしかすると、最後の試合よりも、その日の紅白戦のほうが緊張していたかもしれない。自分がピッチに立つ資格を証明するためのゲームだ。ありったけの思いと、力を込めた。その姿に、周りの選手も驚いていた。

「ナオさん、本当に引退するの？」

その言葉が何よりもうれしかった。

ラストダンスの幕が上がる。決して平たんでなかった18年のプロ生活。その最後の2年間は表舞台から消え、ほとんどの時間をリハビリに費やしてきた。

「人生の半分をプロサッカー選手として過ごしてきた。これまでサッカーからも、出会った人からも本当にたくさんのモノを得た。でも、この2年は本当に濃かった。プロになりたてのころは自分しか見えていなかった。そこから経験を積んで徐々に視野も広がった。いろんな人が支えてくれたし、ライバルや、サポーターの存在をモチベーションに変えてきた。そうやって広げてきたモノが、この2年でギュッて凝縮されて自分に戻ってくるような感覚があった。だから濃いって思う。

オンとオフの使い分けができる方だったし、サッカーの夢なんてこれまで見なかった。でも、シュートを打つ瞬間に足が痛くて振れなかったり、夢の中ではどんなことをしてもボールを蹴らせてくれない。これまでの18年間で、あがいてきたし、全てをさらけだしてきた。自分が好きなことで、誰かを笑顔にできる。それならどんな代償を払っても、想いを形にしたい。そう思うのは自然だよ」

この濃密な2年で、鬱積してきた熱を解き放つ瞬間を待ち続けてきた。ナオは「オレ自身が一番見てみたい」と言った。

辛苦のプロサッカー人生の最後には、粋な花道が用意されていた。安間貴義監督は試合前日からユニホームを脱ぐナオを先発で起用することを明言した。引退発表記者会見で「必ず出る」と言葉にしたが、「相当プレッシャーになっていた。立てない状況も考えた」と吐露する。この一戦に間に合わせるために、痛みを抱える左膝や、体のメンテナンスにも細心の注意を払ってきた。そうして、たどり着いた約束の場所だった。

「ボールに触れて、あの味スタのピッチを走るだけでもいい。楽しみにしてくれている人たちがいる。だから、絶対にゴールに向かう姿勢だけは見せていきたい」

代名詞でもある、ピッチを跳ねるような大きなストライドで、駆け抜けてきたプロサッカー人生。最終コーナーは周った。あとは、全力で駆け抜ける。そう誓って試合当日の朝を迎えた。焦る気持ちはキックオフ時間が近づくにつれ消えていった。不思議と自然体でいられた。今までピッチの外に長く居すぎて忘れていたのかもしれない。サッカー選手として続けてきた、日常の感覚を取り戻せた。それがうれしかった。

2人のまな娘の手を引き、万雷の拍手を背に入場した。「やっと帰ってきた」。

そして、キックオフの笛が鳴る。その瞬間から「ありったけの全てを出した」、魂の55分間だった。これまでの痛みがうそだったかのように、試合が始まると体が動いた。最大の見せ場は前半25分。橋本拳人からのパスに反応し、一気にギアを上げて最終ラインの背後へと飛び出す。「狙っていた形だった」が、ギリギリのタイミングでオフサイドとなった。放ったシュートは0本。最後の味スタでのプレーとなったが、「もっとシュートを打ちたかったし、ゴールも取りたかった、何より勝ちたかった。試合後、そういういろんな欲が出てきた」ことに、本人も驚きを隠さなかった。

「本当に幸せなサッカー人生。自分が成りたかった選手以上の姿になれた」

試合後、ピッチのど真ん中でマイクの前に立つと、見慣れた風景がにじんだ。

「しゃべれないです」

涙を拭い、意を決して言葉を選びながら、集まった観客に語り掛けた。

「小学6年生のころにJリーグが開幕し、実際に国立競技場の観客席にいた。すばらしい雰囲気の中でピッチにいる選手たちは何を考え、どんな思いでプレーしているのか。それが知りたくなってプロサッカー選手になりたいと、夢が目標に変わりました。実際に今憧れたピッチの上にいますが、こんなにもすばらしい景色で、パワーにあふれている場所だとは思いませんでした。そのすばらしいスタジアムで、皆さんの後押しを受けて全力でプレーできたことを誇りに思います。自分の生き様を見せるピッチから長く離れていたときは、本当に苦しかったです。自分が忘れ去られるような感覚でいた。クラブが苦しいときに力になれず、ここに居続けていいのかと、毎日自問自答して過ごしてきた。ただ、やっぱりここに戻りたい、皆さんのサポートを受けてピッチを全力で走りたいと、きょうここまで積み重ねることができました」

その言葉に拍手が起こる。それを聞いて、間を空けると、さらに言葉を紡いだ。

「本当に全てを出し切れたと、自分の中では悔いは全くありません。結果は勝利できず、悔しさはある。力のなさと真摯に受け止め、強く愛されるチームを目指して地道に着実に一歩ずつ積み上げていきたい。最後になりますが、ここまで長い間共に戦ってくれたファン、サポーターの皆さん、切磋琢磨しながら成長してきたチームメート、コーチングスタッフ、お世話になったメディカルスタッフ、ドクター、トレーナーの皆さん、ピッチをつくりあげてくれたグラウンドキーパーの皆さん、小平グラウンドのおじさん、おばさん、皆さんのサポートのおかげでここまでノビノビと自分らしく戦うことができたと思っています。思い残すことはありません。笑顔でこの味スタを後にしたいと思います。本当に、プロ生活18年間、FC東京の16年間ありがとうございました」

深々と頭を下げ、家族からは花束を受け取った。味スタに『DOWN BEAT STOMP』が響く。

857日ぶりのJ1のピッチで、全てを絞り出した。翌日もJ3のゲームに出場する予定だったが、試合中は頭の片隅にもなかった。

「体中、もうバキバキ。明日？　無理かもしれない」

翌朝、目が覚めると、体は驚くほど軽く、膝の痛みもなかった。「これならいける」と思わず笑みになる。現役最後のJ3リーグ最終節セレッソ大阪U－23戦で、背番号18は大歓声に迎えられた。15年前、ヤマザキナビスコ杯1次リーグ清水戦で東京移籍後初出場を飾り、ケリーのゴールを演出した。その試合を皮切りに、16シーズンを過ごした。その思い出の場所である駒沢が舞台となった。

「最高だった。こんな形で終われるなんて思ってなかった。こうやって一つになる感覚を味わい尽くしたいと思ってきた」

途中交代で入った5分後の左CK。長い息を吐き出して右手を挙げる。ゴール前を確認すると、2年前に同じ病院でリハビリをしていた原大智が目に入った。「もう大智しか見なかった」というナオは、「思いを乗せた」ボールを蹴り込んだ。

それに原が頭で合わせ、ネットを揺らした。翌年のトップ昇格が決まっていた後輩は「初めての入院で不安もあったけど、ナオさんは病室に顔を出してわざわざ声を掛けてくれた。最後に一緒にプレーして喜びあえたことが何よりも幸せな時間でした」と言い、このワンプレーを振り返る。受け取ったのは、アシストだけじゃない。原は「うまくいかないときは外に矢印が向きがちだけど、自分の中に答えがある。本当に、多くのことを学びました」と言い、かつてのナオのように小平グラウンドで必死に毎日を過ごしている。

現役最後の試合で決勝点をアシストし、試合は2―1で勝利した。最高のエンディングを迎え、笑顔に包まれた観客席を見渡した。「あのときと一緒だった。この景色が見たかった」と言葉が漏れる。その日のスタジアムにはチームメートや、OBをはじめ、多くの関係者が集まり、暖かな雰囲気がつくられた。誰よりもFC東京を愛し、愛されたスピードスターが、最高のナオスマイルでユニホームを脱いだ。

その最後の雄姿に、子どもたちは「かっこよかった」と言い、妻の麻衣子も「楽しそうにプレーしているナオさんを見て私も幸せだった」と笑顔を贈った。

「人生を捧げてきたサッカーに命を懸けられるか?」

その質問にナオはこう答える。

「サッカーには命を懸けてきた。だけど、一つ言えることはサッカーで不幸になってしまってはいけない。後戻りできないし、喜ぶ人がいないなんて、オレが好きになったサッカーなんかじゃない。それは、マツ君を通じて学んだことかな」

いつも通りだ。側にいてくれる人を笑顔にするために、ナオは笑う。人生は思い通りにいかないことのほうが多い。それでも雨が降れば、一緒に傘に入ればいい話だ。同じ時を刻む楽しさを誰よりも知っている。だって、耳に馴染む、あの歌が教えてくれたことだから。

You'll never walk alone——。

そう思えば、ラフにタフに生きられる。あるがままに、ナオはいつも素直に笑う。

第12章

©F.C.TOKYO

2019
現役を終えて

【適度に波乗りしながらね】

まだまだ止まらないサッカー人生

石川直宏は、2018年からFC東京のクラブコミュニケーター（CC）に就任した。ユニホームをスーツに着替え、スパイクを革靴に履き替えた。

「CCって何やるの?」

「うん、わからない。何でもやるよ」

その言葉から始まった第二のサッカー人生は、今のところ忙しい毎日を送っている。2019年某日、あらためて18年に及ぶ選手生活と、〝これから〟の話を聞いた。屈託のない笑顔で聞き慣れたフレーズがこぼれる。「こうなりたいんだ、時々波乗りしながらだけどね」。

＊

――今回、あらためて18年のプロサッカー人生を振り返ってみて。石川直宏のサッカー人生を客観的にみてどう思いましたか？

「何の後悔もないよ。でも、こんなサッカー人生はほかにないなって思う。もしも、この未来がわかっていてプロのキャリアをスタートさせるなら、こんなしんどいサッカー人生は無理だって思うかもしれないね」

――選手としてキャリアを積み上げるなかで、希望も、絶望も待っていたからね。

「だけど、そのときそのときで感じたこと、思ってきたことを形にしよう、やりきろうとしてきたサッカー人生だったと思う。やりきった先に道は開けるし、出口は必ずどこかにあった。これだけのことを経験したら、次に繋がらないと、自分を否定することになってしまう。たとえばけがもそうだけど、苦しい思いをしてきて結局こうなっちゃうのが人生なのかって思うのが嫌だった。無理やりにでも、その先に何かが待っていると信じてきた。自分に言い聞かせたり、どこかで割り切ったりもしたところはあった。でも、ちゃんと用意されているんだよね。必ず道はどこかに通じていた。それを学べたことは大きかったと思う」

――選手として誰かに文句を言ったり、他者に原因があると考えることのほうがずっと楽だと思うけど、なぜそこまで自分と向き合い続けてきたのか？

「自分に矢印を向けたら、自分でいかようにもできるでしょ。人に何かを求めたり、他人に任せたりするよりも、自分で何かを変えていきたいと思ってきた。それはプロになる前に、身長が伸びずプロにはなれないって言われたときの経験が一番大きかったなって思う。そこで自分が何かを見出せれば、人の可能性って変わるものじゃないのかと信じてやり抜けた。それで、夢だったプロサッカー選手の道が開けた。その経験はやっぱり他のどんなものにも代え難かったと思う」

——やっぱりナオらしさは、そこで磨かれたんでしょうね。

「自分のサッカー人生を振り返ったなかで、何が一番苦しかったのか思い返してみると、やっぱりプロになる直前だったと思う。あの日、国立競技場でJリーグの開幕戦を観てそこから影響を受けて、プロを目指してきた。だけど、中高生のときにはどうしようもできないことに直面した。その経験があったからこそ、どんな困難に直面しようと、『あれだけ苦しい思いをしてプロになれたんだから絶対に大丈夫』だと思えた。どんなに大けがをしようが自分はサッカー選手として戻れる場所があって、自分を待ってくれる人たちがいた。自分が頑張りさえすれば、苦しい先に待っているものを信じることができた。自分をプロに導いてくれた、横浜F・マリノスの方々にも感謝しているし、そのプロになるまでの過程があったからこそ、自分はこの世界で踏ん張ってこられたと思う」

――そうまでして手に入れたプロサッカー選手としてのキャリアに終止符を打つことはやはり苦渋の決断でしたか？

「自分自身が苦労して追い求めてつかんだ、その世界を自分から手放すなんてもったいないと思ってきた。それ（引退）を決めたときは、相当な覚悟が必要だった。自分一人だとそうじゃなかったかもしれない。これだけ応援してくれる人がいて、家族も増えて簡単な決断ではなかった。中高生のときは、チームメートはライバルで、応援してくれるのは家族と少しの友人ぐらいだった。それが今では一緒に戦ってくれる人たちがたくさん増えて、たくさんの力をもらってきた。逆にそれを手放す決断ができたのは、そのとき、そのときでやりきってきたからだと思える」

――妻に引退を告げたときは緊張した？

「緊張はしなかったかな。きっとどこかで理解してくれていたと思う。２００８年に付き合って、苦しいときも一緒に乗り越えてきた。09年にああいう活躍があったシーズンの途中にけがをして、その試合後のロッカールームに両親と一緒に降りてきてくれた。以前なら一人にしてくれってと思ったはずなのに、そのときに両親と一緒にマイちゃんがいることに何の違和感もなかった。でも、一つだけ言いたいのは、この人と一緒になって自分のサッカー人生が悪い方向にいったなんて一度も思ったことはない。マイちゃんが、そう思っていたことにビックリした。そう思わせたのは、すごく申し訳なかったと思う」

——09年のあの柏戦は、今見ても本当に素晴らしい内容でした。

「限界のその先が見えた試合だったからね。3—0だったら、4点目なんて普通いらないって思うでしょ。でも、あの試合は今までで一番のパフォーマンスだったからこそ、どうにかしてでもゴールがほしかった」

——4点目のゴールは何度も見返しましたか？

「あの得点は最高のプレーだった。求められていたし、自分が求めていた形だった。フリーランニングして、自らボールを引き出した。あの試合でけがした以外は、プレーしていて何でもできると思えた試合だった。アウェーの名古屋戦で14点目を決めて、代表に招集された直後だった。その先のW杯が見えてきたからこそ、もっとパフォーマンスを上げたいという思いがあった」

——あそこまでのパフォーマンスも素晴らしかったのに、それに満足していなかったというのは初めて聞きました。

「やれるからこそ、そこに挑まないわけにはいかない。けがの『け』の字も頭の中にはなかったからね」

――それまで5点しか取っていない選手があれだけの活躍をしたのは大きな驚きを与えましたね。

「でも、自分では必然だった。ゴールも取るべくして取っていると思っていた。得点に至る過程はそれぞれ違っていても、フィニッシュの場面では流し込めば入るという自信があった。だから、もう蹴り込むだけだった。シュートの威力も、自分では6、7割の力で蹴っているつもりだったんだけど、どれも振り切れていた。散々周りからも『どんなトレーニングをしたの？』って言われたよね」

――そこに至るまでの過程に紆余曲折ありながらも、積み重ねてきた成果でしたね。

「ゴール前で力を残せた状態で、集中を切らさず、シュートが打てる位置に入って行けていた。だからこそ、そのプレーに至る過程では苦労もあった。周りの選手にも、本当に感謝している。当時で言えば、城福さんは『カボレはディフェンスができないから』と、残りの10人に1・1人分の守備を求めていた。その守備をしながら、どこで自分が得点を挙げられるかを考えていた。

カボレが左サイドでマークを引っ張ってくれて、それを（長友）佑都がサポートしてくれた。FWの（平山）相太や（赤嶺）真吾は点を取りたいけど、守備や、2列目ではつぶれ役になってくれた。（梶山）陽平や、ニュウさん（羽生直剛）が、そうやってつないだボールをラストパスで届けてくれた。そこに自分が走り込んでゴールを決める。それぞれの役割が明確になっていた。相太には、『いつもおまえがそうやって体を張ってくれるからオレが点を取れている。本当は点を取りたいのに、点に値するぐらいの仕事をしてくれて感謝している』って話をしていた」

──あの年に戻りたい？

「戻ったら、そこから積み重ねてきた感覚までも失ってしまいそうだから戻りたくはないかな。あの年からの積み重ねが全くない状態なら戻ってもいいけど。感覚が違うからいろいろ見えすぎてしまうと思う。あのときに、自分のできる最高のプレーを表現できた。だから悔いはない。周りは言うよ、『あのときけがしなかったら』って。でも、それは05年にけがしたときも一緒だった。当時はイタリア・セリエAのトレビゾへの移籍を断って2週間後にけがをした。その決断に後悔はない。周りに引き留められて決めたわけではなかったし、あのときは自分に自信がなかったから移籍をしなかった。周りに促されて決断していたら、きっと後悔していたと思う。自分自身は、どこか出来過ぎのサッカー人生だったとさえ思うよ。強がりでもなんでもなくてね。そういうことが今に繋がっているから。そのスタイルはやっぱり変わらない。目の前のことを全力でやりきること。当たり前のことだし、ありきたりなんだけど、それをどれだけの人がやっているのか。それができないから環境や、人のせいにしてしまう。でも、そんなの関係ないって思えるからね」

――選手・石川直宏としては一番何を大切にしてきましたか?

「勝利が一番大事だけど、その大前提として自分はどうありたい、どうなりたいが必要だと思ってきた。勝利やプレーの先にある価値が一番大切なことだと思う。勝負の世界だからこそ、勝者と敗者が存在する。でも、それに左右されないものもきっとある。勝ったら勝ったときの、負けたら負けたときの価値をどう見出し、それをどう先につなげていくか。そこが見えるかどうかで、誰かが背中を押してくれるようになる。そのためにも自分をさらけ出さないといけないし、飾ったりすることなく、素の自分を見せないといけない。そういう考え方の根本は、両親からの影響だと思う。どんな人に対しても変わらず接する姿を幼いころから見てきた。それがどこかに生きていたのだと思う」

――正直って強さだと思います。

「そもそもそがつけない(苦笑)。すぐ顔に出るから。でも、気づいたらそれが当たり前になっていた。サッカーに対しては、やっぱりそうありたいし、うそはつけないよ」

――引退を決断したときのことを覚えていますか？

「自分がいていいのか。自問自答してきて、覚悟を持ってやらないと復帰もできないと考えた。そうしなければ、このクラブに自分がいる意味もないと思った。大金（直樹）社長には、天皇杯の長野戦に負けた翌週、ミーティングルームを出たところで伝えた。そのときには、気持ちはふっ切れていたし、誰にも相談しなかった。その後、お世話になった人に可能な限り連絡した。『おまえらしいな』。『ナオらしいな』とみんなが言ってくれた。そのとき、城福さんからは『もしも、これから自分が監督を続けるなら、あの09年のチームを超えるようなチームづくりをしていきたい。それぞれの選手たちの特長がかみあって、あのチームでできたそれを今後の基準にしていきたい。そう思わせてくれたのは、ナオだった』と話してくれた。それはうれしかったね」

――あの最終節の動きを見ると、すこしもったいない気持ちもあったのでは？

「いや、オレはもう無理だと思った。シュートも踏ん張りきれなかった。先にＪ１の試合で先発したときは、翌日のＪ３の試合はもう頭になかった。ここでやりきってＪ３に出られなくてもいいやって気持ちでピッチに立った。だけど、やりきって60分ぐらい試合に出て結果は引き分けだった。試合直後に全力を出し切ったけど、翌日も試合に出られるかなって思った。でも、次の日の朝起きてベッドから降りたときに『行けるわ』って思えた。それぐらい不思議と体が軽かった」

――現役最後のゲームとなった、J3リーグ最終節のC大阪U―23戦では、モニ（茂庭照幸）とのマッチアップが待っていた。

「今年限りで引退すると連絡をしたら、『おまえらしいな』って言われたのを覚えている。そして、『最後にJ3の試合があるから、そこで試合できたら良いな』って話をしたら『オレは絶対に行くからな、最後の試合でオレが出てお前をつぶすわ』って」

――実際に、それが実現しました。

「うれしかったな。オレたちが1―0で勝っている状況だったけど、C大阪U―23の大熊（裕司）監督は、あそこでモニを起用してくれた。一緒にプレーしていた選手や、翌年のW杯を目指して一緒にリハビリをしていた（斎藤）学も内緒でチケットを買って観に来てくれていた。8月2日に引退を発表してビジネススタッフと一緒になってグッズをプロデュースしたりもした。自分が引退を決めて伝えたからこそ、そういうこともできた。でも、実は、不安は試合前日まであった」

――そういう引退までの道のりを手伝い、支えてくれた人がたくさんいたことに、それまでの石川直宏の足跡を感じました。

「本当にありがたかったたし、たくさんの人が協力してくれた。何か目に見えるような形として残したかったたし、そういう引退の形は自分も知る限りなかなかない形だった。ひっそりと引退していく選手もいるなかで、自分らしい終わり方ができたと思っている。出し切ったからこそ、全部なくなった。終わった後は、とりあえずサーフィンしようって思ったかな」

――引退後のことはいつから考えましたか？

「全部吐き出して、本当に空っぽになった。引退後のことも漠然とは考えていたけど、やりきらないと次に進めないと思っていた。選手としては、そうやってきたからね。でも、どうしようかなと思ったときに、空っぽの中から湧き出てきた。クラブの今を考えて、17年の経験を無駄にしたくないと思った。自分は引退するけど、選手、スタッフに想いを託すために何ができるかを必死に考えて、自分にしかできないことを探した。そうやって行き着いたのが、ずっと考えてきたことだったけど、クラブの一体感をどう出すかだった。自分が間に入って、いろんなつなぎ役になれれば、まだこのクラブで何かの役に立てるかもしれないと思った。だから、社長に思いの丈を全部伝えた。あまりにもすごい勢いで言い過ぎたから、その場では『ちょっと待って』と言われたんだけどね」

――すべて空っぽになって、最後に残ったのが、このクラブとまだ一緒にいたかったという気持ちだったんですね。

「だって現役時代、最後まで優勝できなかったからね。しかも、その最後に散々なシーズンを送ったからこそだったと思う。あそこで優勝していたら、別の道を探したかもしれない。だけど、そうならなかった。そうならなかったことに、やっぱり意味があったんだと思う」

――東京のサポーターは、どんな存在でしたか？

「このクラブを強くしていくなかで、サポーターとは喜怒哀楽をずっと共にしていきたかった。そう強く思ってきたし、彼らに認められたいと思ってプレーしてきた。応援してくれる人たちに、素の自分をさらけ出すことで、また応援したいと思ってほしかった。その繰り返しで絆が太く、強くなっていったと思う。このクラブで一緒に戦ってきたけど、『クラブを愛してほしい』と言う前に、まずはそれ以上に自分たちを愛し、サポーターを愛さないときっと伝わらないと思ってきた。現役時代、『勇気をもらった』と言葉を掛けてくれたけど、それ以上に本当にたくさんのモノをサポーターからはもらったと思う」

――引退後もFC東京に残り、クラブコミュニケーターという役職に就いて1年半が経過しました。

「スタイルは一緒だよ。ここまで全力でやってきた。自分が身を置く場所で感じたままに全力を尽くすことに変わりはない。プレーしているわけじゃないけど、サッカーの持つ力や、新たな魅力を感じられるようになったことは大きな発見だと思う。試合は選手たちがピッチで一生懸命戦ってくれている。それまでに、どう自分が力になれるかを考えてきた。最高の雰囲気をつくって、そこでやっぱり選手にはプレーしてほしいって思う。今の自分の立場では、キックオフ前に、全てをやりきらないといけない。試合前の選手紹介があって演出が変わった入場シーンは、毎回見るだけで泣きそうになってしまう。そういう感情になるのは今ピッチに立っている選手たちが、自分が選手時代に感じていた思いを表現してくれているからこそだと思う。本当に名前を挙げたらキリがないけど、あの苦しい16年や17年を知っている選手たちがいて、あの時期が無駄じゃなかったと思わせてくれている」

――その間に、チームは『FC東京らしさ』を取り戻せたのでは?

「最後まで全員で走り抜く、戦い続けるということが、このクラブのベースにはもともとあった。『FC東京らしさ』というのは言葉じゃない。以前、ほかのクラブの選手と話をしたとき、『FC

東京の泥くさく最後まで戦うところが嫌だよね』と言ってくれていた。でも、それだけでは勝つことができないからと、その上に勝つための手段や方法を積み上げようとしてきた。確かに、洗練された選手が増えてきた一方で、そうした以前あった『らしさ』がどこか受け継がれていないことに寂しさも感じていた。だけど、(長谷川)健太さんが来て、もう一度それを取り戻せたと思う。何よりも今のチームには一体感がある。それが本当にうれしい」

――新しい夢はできましたか?

「選手時代と、やることは一緒だと思っている。指導ライセンスの講義の場で、『サッカーに正解があるかないか』という問い掛けがあったけど、それぞれの哲学や意見が人の数だけあると思っている。サッカーに正解がないわけじゃなくて、たくさんの正解がある、と。似た答えがあったとしても、全部一緒には決してならない。それが全てだと思っている。自分がやってきたことも含めて、これからどこを目指すのか。何が正解で、何が不正解かはわからない。たくさんの答えがある中で、自分と向き合い続けていけば、いずれどこかに行き着くと思う。あれもこれもと、全部はできない。この先に何が待っているのか。未来は漠然としているけど、FC東京に関わってくれた人、もっと言えばサッカー、スポーツに関わった人が幸せになる。それが今の理想だし、夢なのかもしれない。もちろん、その考えを誰かに押しつけようとは思わないけどね」

――そのために、何をしていきたいですか？

「今はプレーできないから言葉や、一番は行動で示していきたい。自分が活動していることで、誰かを笑顔にしていきたい。それが良いことなんだって、また別の誰かに感じてほしい。その輪を広げていきたい。その積み重ねだと思う。やっぱり自分にしかできないことをやりたいと思う」

――FC東京をよくするために、今後取り組んでいきたいことは？

「FC東京は、自分が加入した当初よりもクラブとしても規模が大きくなってきた。全スタッフの意見を集約することは、以前に比べるとなかなか難しくなってきたかもしれない。でも、それぞれの部署があって、それぞれに得意なことがある。そこから上がってきた声に対して、それぞれの部署が、その得意を生かして形にしていく、実現していくことを目指していきたい。選手時代の09年のように誰かが誰かを補えるようなチームにしていきたい。各部署が自立した意見を持ちながらも、横の連係をしっかりと取れている組織が理想の姿だと思う。まだ引退して1年半だけど、本当にクラブは変わってきていると思うし、もっともっと良くなっていくと思う」

――選手時代、ファンサービスを大切にする選手でしたが、今の選手にはどう受け継いでいってほしいですか？

「今シーズンの開幕前に、ビジネススタッフから選手に向けてクラブの取り組みについて話があった。今どれだけの収入や、支出があって、観客動員数がどのくらいなのか。そして、選手それぞれにどれだけの人件費が払われているかもそこで理解してもらった。選手にとっては、自分がサッカーをできている環境を、誰がどう支えているのかを知る良い機会になったと思う。だからファンサービスのときはどう対応すべきなのか、ピッチの上ではどう表現すべきなのか。それぞれが感じたままに、それを表現してほしい」

――さまざまな場所で、自身の実体験だけでなく、クラブの取り組みを発信していますが？

「選手や、クラブの価値がより高まるように、スタッフも必死に取り組んでいる。着実に一歩ずつだけど、いろんなことのスピード感も上がってきているからこそ、FC東京の取り組みをこれからも発信していきたいと思う」

――そうしたことを続けた上で、今後自身はどうなっていきたいですか？

「オレは……『あの人何やっているの』って言われたいかな。そこは選手時代と一緒で、神出鬼没にいろんなことに関わっていきたい。面白いんだよね、そうすることで今までもそうだったけど、きっと未来は見えてくると思う。自分で枠や限界はつくりたくない。今やっていることの延長線上で、何かを見出したい。選手時代もそうだったけど、誰かを目指したわけじゃなかった。尊敬している人たちの〝いいとこどり〟をしていきたい。でも、目標にする人もいないし、その成功体験もわからないから。やっぱり自分で道を切り開いていきたい」

――だから、やりがいがあって魅力的だと？

「ドンドン面白くなっていく感覚がある。きっと、サッカーと一緒で終着地点はない。クラブができて20年がたった。その間に、FC東京も変化を続けてきた。これまで歴史を築いてきた、たくさんのOBの方々と話す機会にも恵まれ、このクラブが積み上げてきたものを深く知ることもできた。人と人との関係をより密接にしていきたいし、まだ手付かずのこともきっとある。強く愛されるチームを目指して――。FC東京が、関わるすべての人たちのアイコンとなれるように、そのスローガンを実現させていきたい」

――今後、第二の石川直宏が出現してほしいですか？

「自分がそうだったからだけど、自分と同じサッカー人生を誰かに歩んでほしいとは思わない。もっとうまい生き方はきっとあると思うからね。でも、苦しんだ先に見えるものがあることは伝えておきたいし、そのモデルケースの一つとして自分を見てほしい。手を引いて一緒に入場した

小学生が今、オレの後の18番を背負っている。今度は、自分の姿を見てきた（橋本）拳人に手を引かれた子どもたちの中から、またいつの日か18番のユニホームを受け継ぐ選手が出てくるかもしれない。それが歴史だし、伝統だと思う。でも、一緒じゃなくていい。拳人は拳人なりのやり方、スタイルで表現していってほしい。だからオレはオレで、引退した後も自分が何を見せられるかに誇りを持って取り組んでいきたい。未来は何が起こるかわからないし、自分に降りかかること、起こることが何かの運命だって思わないとやっていけない。それを全て善いことだと思って進んでいきたい」

――まだまだ立ち止まらない？

「そうだね、適度に波乗りしながらね（笑）。自分の思いを貫いたサッカー人生だった。いいときだけでなく、苦しいときも、もがいているときもあった。でも、どんなときでも、ファンや、サポーター、仲間、家族がいてくれたからこそ、自分らしくいられた。周りの期待以上の結果をいつだって求めてきた。注いでくれた愛情には、その倍の愛情で返したいと思ってきた。そんな関係をこれからも築いていきたい。顔を合わせ、手を重ね、素直な気持ちをこれからも伝えていきたい。まだまだ、もっともっと深く濃い人生にしていきたい。そして、これからもその時間を誰かと共にしていきたい」

あとがき

僕も1981年に生まれ、ナオと同じようにサッカーを好きになった。あの日を境に、KAZUと口ずさんでシザースフェイントを練習した。河川敷や、公園、近所の空き地で辺りが暗くなるまで、ただただ夢中でボールを追い掛けた。僕が育った当時は、実家の周りに田んぼが広がっていた。その脇を流れる用水路が天敵だった。ボールが落ちたら、ダッシュで追い掛けて両手の人さし指でつかみ出す。そのおかげなのか、中距離走は人より速いほうだった。

ボールが隣の塀を乗り越えても、近所のおばさまたちは寛容だった。インターホンを鳴らすと「ハイハイ」とボールを取らせてくれた。だから思春期でも「いってきます」と「ただいま」、「おはようございます」と「こんにちは」、「こんばんは」を言うことに全く抵抗がなかった（そもそも、反抗期があったという記憶はないけど）。

いつも卒業文集の将来の夢は、1択だ。悩むことなんてない。すぐに『プロサッカー選手』と埋めて、本文に頭を悩ます（このころから何も変わっていないんですよ、編集者の皆さん）。だけど、残念なことに、僕にサッカーの才能はなかった。高校生になる頃には気づいてしまう。これは、どうやらプロになんかなれるわけがないと。それでも、あきらめの悪い僕はボールを蹴り続けた。逆立ちしても、なれないとわかっているのに。サッカーがどうしようもなく好きだったからだ。

初恋？　いやいや、そんな甘酸っぱいものでもないけど、なぜだかずっと夢中でいられるものと、僕は出会って一方通行の片思いは今も続いている。

２０００年に上京し、初めて伸ばした髪にパーマをかけてみた（絶望的な仕上がりに、すぐに短髪に戻したけど）。そんなころ、テレビの向こう側に長髪をなびかせ、気持ち良さそうにボールを蹴るナオを見つけた。

19年前の大学生は思った。「長髪が似合うチャラそうなヤツだけど、ずいぶんと楽しそうにボール蹴るな。何考えながら球追いかけてんだろ?」。

そんなことを考えたのも一瞬で、「まあ、知り合うこともないやろ」と、せっせとアルバイトに汗を流す日々を送った。

幸せなことに、僕は今もサッカーの近くにいる。大学卒業後、なぜだかフリーのライターになった。理由は、これも1択だった。転がるボールの近くにいたかったからだ。

短く端折るが、気づいたらあの長髪のチャラいヤツをナオと呼び、「何考えながら球追い掛けてんの?」と聞くのが仕事になったのだ。それも十何年と。近所のおばさまと、オカンの茶飲み話をＢＧＭに育ったおかげで人の話を聞くのは苦じゃなかった。相変わらず文章を書くのは苦手だけど。

そして、チャライと思ったヤツは、どうしようもなくイイヤツで、サッカーには素直だった。近いところにいたからわかることもある。心が折れそうなときも、きっと何度もあったはずだ。でも、なんで諦めずに次の一歩が出せるのか、その理由はわかっている。自分の大好きなことならば、どこまでも打ち込めるものだ。

そうやってナオは、日本サッカーの魅力の一つになった。プロ生活は背番号と同じ18年に及んだ。ユニホームを脱いだナオは、これから日本サッカーや、FC東京の魅力をつくる仕事をしていきたいそうだ。そのための学びを今始めたところだ。

素敵な仕事だ。

「うん、ちょっと待てよ、自分もそんな仕事をしてるのか」

そう思うと、何だかメラメラするモノが湧き上がる。跳ね馬のような足の運びの右ウイングに1対1を挑む？　いやいや僕には無理だ。でも、一緒に楽しむこともできるはずだし、たまに挑戦するのも面白そうだ。それもまたサッカーが教えてくれたことだ。

だから、あえて……「勝負だ、ナオ」。

Thanks !!
Nao

プロフィール

石川直宏（いしかわ・なおひろ）

元サッカー日本代表

1981 年生まれ、神奈川県横須賀市出身。育成組織から横浜 F・マリノスに在籍し、2000 年にトップチーム昇格、02 年 4 月に FC 東京に加入。03 年 J リーグ優秀選手賞、フェアプレイ個人賞受賞、09 年には J リーグベストイレブンを受賞。U-23 日本代表としてアテネオリンピックに出場し、日本代表でも 6 試合に出場。17 年に現役を引退し、翌 18 年より FC 東京クラブコミュニケーターを務めている。

著者

馬場康平（ばば・こうへい）

1981 年生まれ、香川県出身。地域新聞の編集部勤務を経て、2006 年からフリーに。現在は、東京中日スポーツ等で FC 東京担当記者として取材活動を行う。著書に『石川直宏　まっすぐに平常心』がある。

カバーデザイン：佐々木真人（株式会社 pmf）
カバー写真：山﨑泰治
表紙写真：田口有史
写真：東京フットボールクラブ株式会社、新井賢一、佐々木真人（株式会社 pmf）
東京新聞、J リーグ、株式会社アフロ
協力：株式会社ジャパン・スポーツ・プロモーション
本文デザイン・DTP オペレーション：松浦竜矢
編集協力：後藤勝
編集：加藤健一（株式会社カンゼン）

素直 石川直宏

発行日　2019 年 10 月 6 日 初版

著　者　馬場 康平
発行人　坪井 義哉
発行所　株式会社カンゼン
〒 101-0021 東京都千代田区外神田 2-7-1 開花ビル
TEL 03（5295）7723
FAX 03（5295）7725
http://www.kanzen.jp/
郵便為替 00150-7-130339

印刷・製本　株式会社シナノ

ISBN 978-4-86255-500-7
Printed in Japan

定価はカバーに表示してあります。

ご意見、ご感想に関しましては、kanso@kanzen.jp まで E メールにてお寄せ下さい。

お待ちしております。